KB078813

퍼실리테이티브 리더십 코칭

퍼실리테이티브
리더십 코칭

ⓒ 홍삼열, 2024

초판 1쇄 발행 2024년 6월 26일

편저자	홍삼열
펴낸이	이기봉
편집	좋은땅 편집팀
펴낸곳	도서출판 좋은땅
주소	서울특별시 마포구 양화로12길 26 지월드빌딩 (서교동 395-7)
전화	02)374-8616~7
팩스	02)374-8614
이메일	gworldbook@naver.com
홈페이지	www.g-world.co.kr

ISBN   979-11-388-3313-4 (93180)

교육 시간표

제1일	제2일	제3일

M1. 퍼실 리더십 코칭의 배경
• 자기 인식과 패러다임
• 사회기술시스템
• 퍼실 리더십 코칭의 기본기
• 퍼실 리더십 코칭의 학습목표
 	
M2. 자기 인식
• 상황 민감성 유지(1)
• 직관과 성찰(2)
  - 실습1
• 자기 평가(1)
• 존재감 인식(2)
  - 실습2
	M3. 적극 경청
	• 맥락적 이해(2)
	  - 실습3
	• 반영(3)
	  - 실습4
	• 공감(3)
	  - 실습5
	• 고객의 표현 지원(2)
	  - 실습6
		M4-1. 의식 확장
		• 질문(2)
		  - 실습7
		• 기법과 도구 활용(3)
		  - 실습8
		• 의미 확장과 구체화(3)
		  - 실습9
		• 통찰(3)
		  - 실습10

제4일	**제5일**	

M4-2. 의식 확장
• 관점 전환과 재구성(3)
  - 실습11
• 가능성 확대(2)
  - 실습12
 	
M5-1. 성장 지원
• 정체성과 통합 지원(2)
  - 실습13
• 자율성과 책임 고취(3)
  - 실습14
	M5-2. 성장 지원
	• 행동 전환 지원(3)
	  - 실습15
	• 피드백(2)
	• 변화와 성장 축하(2)
	  - 실습16
	
	M6. 텔레(Tele) 코칭 클래스
	• 참가자 확인
	• 코칭 시연
	  - 실습17
	  - 실습18
	• 피드백
	• Q&A
		(괄호 안은 도구의 개수)

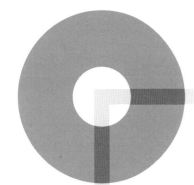

M5. 성장 지원

M6. 텔레(Tele) 코칭 클래스

부록(Appendix)

도구 색인

퍼실리테이티브
리더십 코칭의 배경

- 패러다임 전환에 따른 퍼실리테이티브 리더십 코칭의 배경을 이해함으로 직관을 위한 유연성을 가지며 코치로서의 자신을 인식할 수 있다.

- 다양한 종류의 사회기술시스템을 이해함으로 코치로서의 신뢰와 자신감을 더하고 자신을 인식할 수 있다.

- 퍼실리테이티브 리더십 코칭의 기본기를 통해 고객의 배경과 이유를 감각적으로 알아차림으로 자신을 인식할 수 있다.

M1. 퍼실리테이티브 리더십 코칭의 배경

1. 자기 인식과 패러다임

1) 코치 역량과의 관계
    (1) 패러다임의 전환과 사회기술시스템은 조직과 리더십을 이해하는 데 도움이 되며 이는 곧 코치 자신의 인식에 영향을 준다.
    (2) 고객의 생각, 감정, 욕구가 발생하는 배경과 이유를 코치가 감각적으로 알아차리기 위해서는 고객의 환경과 시대적 상황을 연결하고 고려할 수 있어야 한다.
    (3) 코치의 직관은 시스템사고를 바탕으로 한 유연성에서 강화된다.
    (4) 사회기술시스템에서 비롯된 카테고리 세트와 리더십 역량에 익숙한 코치는 코치로서의 신뢰와 자신감을 증진한다.
2) 시대별 패러다임
    (1) 농경사회 패러다임은 인구수와 땅이 중요한 시대였다. 그래서 자녀를 많이 출산하였고 농사를 지어 생산할 근거지인 땅을 넓히는 일이 중요했다.
    (2) 산업사회 패러다임은 대량생산을 위한 기술이 중요한 시대였다. 방법을 아는 것이 힘이어서 Know how가 키워드였다.
    (3) 정보사회 패러다임은 검색하면 무엇이든 찾을 수 있는 시대이기에 Know where가 중요했다. 지식정보사회에서는 지식이 넘쳐나 누구나 전문가인 사회이기에 의미와 가치를 찾는 Know what이나 Know why가 중요해진 참여 중심의 시대가 되었다. 전문가가 생산하던 방식에서 위키피디아처럼 누구나 참여해서 추가, 삭제, 수정이 가능하게 되었는데 이것은 뒤에 공통의 합의를 만들어내는 기술이 뒷받침할 수 있었기 때문이다.

3) 리더의 역할 변화

(1) 이데올로기 시대는 전문가가 소수였기에 전문가인 리더가 의사결정권을 가지는 것이 효율적이어서 리더의 역할은 정책을 결정하는 일이었다.

(2) 집단지성의 시대는 전문분야가 세분되어있고 모두가 한 분야 이상에서 전문가이므로 리더의 역할은 정책을 조정하는 일이 되었다.

4) 변화 요인

(1) 한국 국내 대학에서 1년 단위 박사학위 취득자가 2만 명에 육박하고 있으며 소득 수준은 이미 선진국 대열에 들어섰다. 국민소득 8만 불 시대가 되면 거의 1인 1 코치 시대가 될 것으로 예상한다.

(2) 전문분야가 세분화되고 분야와 분야 사이, 사람과 사람 사이에 협업이 필요하므로 관계 기술이 점점 중요해지고 있다.

(3) 소프트웨어를 개발하는 경우 개발 기간의 변화를 애자일(Agile)하게 계속 수용해야 할 정도로 빠른 변화가 일어나고 있어서 끊임없는 소통과 의사결정이 필요하게 되었다.

(4) 팬데믹 시대를 지나며 매슬로우의 자아실현의 욕구를 넘어 공존의 욕구로 확장되고 있으므로 1:1 코칭을 넘어 팀 코칭이나 그룹 코칭에 필요한 퍼실리테이티브 리더십 코칭의 필요성이 대두된다. 이미 국제코치연맹(ICF)에서는 2020년 팀코치 자격을 새로 신설하기도 했다.

5) 자본의 변화

  (1) 농경사회에서 필요한 자본은 농업자본이었고, 산업사회에서 필요한 자본은 산업자본이었으며, 정보사회에서 필요한 자본은 금융자본이었다.

  (2) 지식정보사회에 들어와서 필요한 자본은 창의자본, 지식자본, 생명자본, 사회자본 등이다.

  (3) 퍼실리테이티브 리더십 코칭과 사회자본

    - 신뢰는 신을 믿는 것처럼 신뢰한다는 의미는 아니지만 팀 코칭이나 그룹 코칭에서 고객들에게 맡겨주면 누구나 좋은 성과를 내어 칭찬받고 싶어 하는 마음은 누구에게 있기에 그 믿음을 담아준다는 의미이다.

    - 퍼실리테이티브 리더십 코칭은 기법이 다양하고 미리 고객사와 협의하여 설계를 마친 후 진행하는 것이므로 설계된 절차를 진행 중에 임의로 바꾸는 것은 바람직하지 않다. 사회자본의 규범과 같은 엄격한 절차와 연결된다.

    - 고객의 구성은 가족과 같은 강한 유대보다는 약간의 거리가 있는 약한 유대인 경우가 대부분이기에 사회자본의 네트워크의 특성과 연결된다. 퍼실리테이티브 리더십 코칭을 진행하는 코치는 절차에 대해서는 엄격하지만, 의견에 대해서는 철저한 중립적인 자세가 필요하다. 코치가 의견에 대하여 중립을 지킴으로 고객의 의견을 유효하게 하는 것이다.

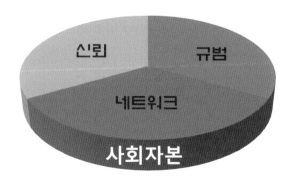

6) 인간의 기본적인 필요

  (1) 왕따 당하지 않고 싶은 사회적 안전

  (2) 자기답게 살고 싶은 정체성

  (3) 집단 속에서는 자신의 의견이 반영되어 의사결정이 이루어지기를 바라는 결정권

  (4) 주어진 임무를 잘 수행하여 인정받고 싶은 욕구

7) 집단지성

  (1) 피에르 레비는 그의 책『집단지성 - 사이버 공간의 인류학을 위하여』첫 장에서 구약성서의 아브라함이 천사들과 협상하는 이야기를 소개한다.

  (2) 아브라함은 조카 롯이 사는 소돔과 고모라 성을 멸망시키러 간다는 천사들의 이야기를 듣고 "그 성에 50명의 의인이 있어도 멸하시겠습니까?" 하는 질문으로 시작하여 45명, 40명, 30명, 20명, 10명으로 내려가면서 협상을 진행한다.

  (3) '왜 10명에서 멈추었을까? 1명까지 더 내려갔다면 적어도 롯 한 사람 때문에라도 성 전체는 멸망하지 않았을 텐데~'라는 아쉬움이 남는다. 그런데 사회학자 피에르 레비는 "집단을 구하기 위해서는 집단적 힘이 필요한데 10명부터 익명성이 시작되는 집단을 형성하기 시작한다"라고 주장한다. 팀 코칭이나 그룹 코칭은 6-8명 정도로 한 팀이나 그룹으로 참여할 때 익명성에 이르지 않고 모두가 적극적으로 참여할 수 있다.

  (4) 모두가 멸망해야 했던 소돔과 고모라의 죄는 무엇인가? 피에르 레비는 "소돔 백성들이 노소를 막론하고 원근에서 다 모여"(창19:4)를 근거로 하여 낯선 사람을 환대하지 않은 것이라고 정의한다. 환대는 '개인을 집단에 연결하는 행위'이기 때문이다.

2. 사회기술시스템

1) 설계 개념은 건축공학에서 시작되었고, 소프트웨어공학이 이를 적용하여 Analysis(요구분석), Design(설계), Development(개발), Implementation(구현), Maintenance(유지보수)인 폭포수 모델로 발전시켰다. 이를 다시 교육공학에서 받아들여 Maintenance(유지보수)를 Evaluation(평가)으로 대체한 ADDIE 모형이 등장했다.

2) Agile SCRUM은 빠르게 변화되는 소프트웨어 및 웹 개발이나 일반 제품 개발 등에서 3~9명의 팀을 대상으로 활용하는 프로젝트 기법이다.

3) Design Thinking은 고객의 요청을 수집하여 개선하고 시제품을 만들어 다시 고객의 피드백을 받는 방법이다. 페이스북을 운영하는 메타에서는 이를 해커톤(Hackathon)이라고 명명하여 진행한다. 해커톤은 컴퓨터 전문가를 일컫는 Hacker와 Marathon의 합성어로 프로그램이나 앱을 만드는 회사에서 내부적으로 진행하기도 하고, 지역 문제를 해결하기 위해 앱 개발 경진대회 같은 형식으로 진행하는 기법이다.

4) Workout Town Meeting은 미국 뉴잉글랜드 지역의 주민 전체가 한자리에 모여 토론을 한 후 투표를 통하여 지역의 법과 정책, 행정 절차에 대한 결정을 내렸던 전통을 이어받는 비공식적 공개 주민회의이다. GE의 잭 웰치도 이 기법을 활용했다.

5) Consensus Facilitation은 ICA(Institute of Culture Affair)의 ToP(Technology of Participation)에서 아이디어 발산, Grouping, Naming, Multi-vote 순으로 진행하는 합의형성 기법이다.

6) Action Learning Coach는 공동체나 조직의 문제를 함께 개선하고 고객 서로 간의 행동을 통해 학습되는 기법으로 Action Reflection Learning(ARL 모델)과 World International Action Learning(WIAL 모델)로 나누어진다.

7) AI(Appreciate Inquiry) Summit은 모든 생명 조직에는 아직 발현되지 못하고 잠재된 핵심 강점을 발현시켜 개인과 조직의 변혁을 일으키는 기법이다. GROW 모델에서 Goal과 Reality를 바꾼 것과 같은 4D 모델을 사용한다. 4D 모델은 Discovery, Dream, Design, Delivery의 머리글자로 GROW 모델을 조직에 적용한 것과 유사하며, GROW의 Goal과 Reality의 위치가 바뀐 모델이라고 해도 과언이 아니다. 특히 첫 단계인 Discovery에서의 긍정 인터뷰를 통한 강점 발견은 코칭에서 이미 많이 활용되고 있다.

8) 퍼실리테이션(Facilitation)은 답을 주지 않고 해당 조직의 구성원들이 모여 스스로 답을 찾도록 질문한다는 차원에서 코칭식 컨설팅이라고 할 수 있으며, 국제퍼실리테이터협회(IAF)와 한국퍼실리테이터협회(KFA)가 있다. 한국FT코칭연구원에서도 2018년부터 한국퍼실리테이터협회 인증 CF(Certified Facilitator) 자격프로그램인 '공동체개발 Issue Solving Process'(24시간)를 운영하고 있다.

3. 퍼실리테이티브 리더십 코칭의 기본기

1) 한국코치협회 코칭역량 적용
   (1) 자기 인식(M1. 퍼실 리더십 코칭의 배경, M2. 자기 인식) : 8시간
   (2) 적극 경청(M3. 적극 경청) : 8시간
   (3) 의식 확장(M4. 의식 확장) : 12시간
   (4) 성장 지원(M5. 성장 지원, M6. 텔레 코칭 클래스) : 12시간
2) 개입
   (1) 관찰한 내용을 확인하기 위해 질문이나 카테고리를 사용한다.
   (2) 관찰한 행동에 대한 가설이나 추론을 확인하기 위해서도 질문이나 카테고리를 사용하게 된다.
   (3) 적극 경청을 위해서도 질문과 카테고리가 필요하다. 고객의 표현을 지원하는 것도 적극 경청의 주요 요소이므로 재진술과 요약, 인정과 지지, 침묵 등을 통해서도 지원할 수 있지만 대부분의 경우 질문이나 카테고리로 지원한다.
   (4) 도구나 기술을 제안하며 직관을 나눌 수 있다.
   (5) 고객의 성찰을 위하여 직면으로 초대할 수 있다.
   (6) 퍼실리테이션 도구는 질문이나 카테고리를 활용해 개입할 때 해당 도구 안에 포함된 카테고리(예 : 사분면의 경우 질문이 4개)를 모두 다 사용해야 하는 것은 아니고 경우에 따라서 그중의 두세 가지만 적용해도 좋다.
   (7) 특히 경청을 위해서는 주제와 연결되는 질문이나 카테고리가 떠오르면 다음 질문을 생각하지 않고 온전히 경청할 수 있다는 장점이 있다.

3) 도구 활용에 대한 주의사항[1]

    (1) 도구나 기술을 시운전해본다.

    (2) 고객의 학습 스타일을 고려한다.

    (3) 실험에 대한 의지를 고려한다.

    (4) 새로운 것을 탐색하여 창의적인 접근을 자극한다.

    (5) 모든 활동은 고객이 원하는 기법에 따라 공동으로 설계할 수 있다.

    (6) 단지 코치의 요구를 충족시키지 않도록 철저한 설계와 활용을 훈련한다.

    (7) 코칭은 정형화된 질문으로 진행되는 것이 아니므로 특정한 스텝에서 필요에 따라 고객의 동의를 얻어 활용한다.

    (8) 퍼실리테이션 도구는 질문이기도 하지만 카테고리이기 때문에 다양한 역량에서 활용될 수 있다.

    (9) 역량별로 배치된 도구나 기법은 항상 해당 역량에서만 사용할 수 있는 것은 아니다. 다른 역량에서도 활용할 수 있도록 유연할 필요가 있다.

    (10) 다양한 도구를 활용하여 리더십을 이해하며 조직의 환경에 연결한다.

    (11) 퍼실리테이션은 커뮤니케이션의 명확성을 강화하는 것이다. 이 경우 표면적인 선에 머물며 팀의 역동성에 대한 분석으로까지는 들어가지 않는다. 반면에 팀 코칭은 퍼실리테이션보다 깊게 들어간다. 팀원 개개인의 성격과 그 사이의 관계의 수면 아래를 들여다보며, 이것이 팀 성과에 어떻게 영향을 주는지를 탐색한다. 팀 코칭과 퍼실리테이션을 명확하게 구별하기는 어렵다. 하지만, 퍼실리테이션과 코칭은 같은 선상에 있으며 좋은 팀 코치는 이 선상을 자유롭게 오간다.[2]

1)   Dale Schwartz and Anne Davidson, 『Facilitative coaching』, Pfeiffer, 2009.
2)   국제코치연맹(ICF) "팀 코칭 역량" 중에서.

4. 퍼실리테이티브 리더십 코칭의 학습목표

1) VUCA 세계에 필요한 시스템 사고와 사회기술시스템을 이해하고, 퍼실리테이티브 리더십 코칭의 기본기를 통해 신뢰와 자신감을 더함으로 코치 자신을 인식할 수 있다.

2) 코치가 현재 상황에 대한 민감성을 유지하고 직관 및 성찰과 자기 평가를 통해 코치 자신의 존재감을 인식할 수 있다.

3) 고객이 말한 것과 말하지 않은 것을 맥락적으로 이해하고 반영 및 공감하며, 고객 스스로 자신의 생각, 감정, 욕구, 의도를 표현하도록 도울 수 있다.

4) 질문, 기법 및 도구를 활용하여 고객의 의미 확장과 구체화, 통찰, 관점 전환과 재구성, 가능성 확대를 도울 수 있다.

5) 고객의 학습과 통찰을 정체성과 통합하고, 자율성과 책임을 고취하며, 고객의 행동 전환을 지원하고, 실행결과를 피드백하며 변화와 성장을 축하할 수 있다.

6) 실제로 코칭을 실습함으로 코칭능력을 배양하고 코칭 현장을 관찰하며 얻는 알아차림으로 자신감을 얻어 고객의 성장을 지원할 수 있다.

■ Wrap Up(활동 10분)

(1) 기억에 남는 것

(2) 재미있었던 것

(3) 의미 있었던 것

(4) 적용할 것

자기 인식

- 지금 여기의 생각, 감정, 욕구에 집중하며 그 배경과 이유를 알아차릴 수 있다.

- 직관과 성찰을 통해 자신의 생각, 감정, 욕구가 미치는 영향을 인식할 수 있다.

- 자신의 특성, 강약점, 가정과 전제, 관점을 평가하고 수용하며 자신의 존재를 인식하고 신뢰할 수 있다.

M2. 자기 인식

1. 상황 민감성 유지

1) 행동지표
    (1) 지금 여기의 생각, 감정, 욕구에 집중한다.
        - 고객이 지금 여기(Here & Now)에 현존하도록 돕기 이전에 코치 자신이 지금 여기에 현존하는 것이 선행되어야 한다. 코치가 자신의 생각을 고객의 생각과 오버랩하면 코치의 생각이 대화의 흐름을 주도하게 된다. 코치는 이런 자신을 알아차린 후 자신의 생각은 내려놓고, 고객의 생각 속에 들어가 함께 탐험한다.
    (2) 생각, 감정, 욕구가 발생하는 배경과 이유를 감각적으로 알아차린다.
        - 코치 자신의 지식과 경험에서 나온 해법을 나누고 싶은 생각이나, 고객에 대한 호기심과 존중을 가로막는 감정, 코치의 방법으로 돕고 싶은 욕구 등을 일단 알아차리면 내려놓을 수 있다.
        - 생각, 감정, 욕구의 배경과 이유 중 윤리적인 기준, 멘탈 등을 점검할 필요가 있으며, 코치 자신의 성장을 위해 더 준비해야 할 것이나 계발해야 할 과제를 묵상하며 훈련한다.
        - 상황의 민감성은 위험 요인으로 인식될 때 더욱 민감하게 대처할 수 있다.

2) 위험 분석(Risk Analysis)

  (1) 개요

    - 중요한 사업의 잠재적인 문제를 찾아내고 분석하여 공동체가 위험을 피하거나 완화할 수 있도록 지원하는 도구다.

	구체적인 설명	위험요소 감소방안
위험요소1		
위험요소2		
위험요소3		
위험요소4		
위험요소5		

	강도가 높음	강도가 낮음
빈도가 높음		
빈도가 낮음		

(2) 그룹에서의 활용방법

- 위험요소는 자연재해나 인간의 부주의와 악의적인 활동으로 야기될 수 있는 요소와 피해 가능성을 고려한다.
- 정부 정책의 변경, 경쟁자 진입, 기업환경의 변화에 대한 영향을 파악하고 준비한다.
- 공동체 사업의 프로세스 속에서 가능한 위험요소를 도출한다.
- 정성적 분석을 통한 주관적 결과를 토대로 위험의 범주를 정한다.
- 정량적 분석을 통한 객관적 결과로 비용을 반영한 의사결정을 돕는다.
- 위험요소가 많으면 두 번째 매트릭스를 활용하여 우선순위를 정한다.
- 위험요소에 대한 인식을 공동체가 함께 하여 대비할 수 있다.
- 잠재적인 위험과 관련한 재정적인 준비가 필요함을 이해시킬 수 있다.
- 이해를 통해 의사결정과 비용관리에 공통의 합의를 만들 수 있다.
- 지나치게 위험을 100% 피할 방법을 선택한다면 좋은 기회도 놓칠 수 있다는 것은 고려해야 한다.

(3) 상황 민감성 유지를 위한 셀프코칭

- 코칭세션 진행 중에 내 안에서 올라오는 에고는 어떤 것들이 있을까?
- 윤리적인 기준은 있는데 내가 중요하다고 여기지 않는 것은 무엇일까?
- 그중에서 마음에서 자주 느슨해지는 것은 무엇일까?
- 그중에서 가장 치명적인 결과를 가져올 수 있는 것은 무엇일까?
- 코치로서 성장하기 위해 내가 준비해야 할 것은 무엇인가?
- 전문코치로서 더 계발해야 할 과제는 무엇인가?
- 코치로서 멘탈이 흔들리거나 번아웃이 올 때 어떤 행동이나 습관이 나타나며, 어떤 에너지에 의지하여 이를 극복하고 있을까?

2. 직관과 성찰

1) 행동지표

    (1) 직관과 성찰을 통해 자신의 생각, 감정, 욕구가 미치는 영향을 인식한다.

        - 코치의 자기 인식에 필요한 직관은 경험적 직관[3]이라 할 수 있다. 경험적 직관이란 순간적인 직감이다. 고객의 표정을 보고 감정의 상태를 짐작하거나, 고객의 첫 인상에서 느껴지는 판단 등을 말한다. 이렇게 짐작과 판단의 마음이 올라올 때 즉각적으로 성찰하고 내려놓으면 된다. 그런 마음이 올라오는 것은 인간으로서 당연한 것이므로 지나치게 상심할 필요는 없다. 그때그때 알아차리면 된다.

        - 순간 속에서 사태를 전체적으로 파악하는 본질적 직관은 명확한 것은 아니기에 고객에게 물어야 한다. 코치 자신이 틀릴 수 있다는 마음을 가지고 확인하는 작업이 필요하다. "제 느낌을 말씀드려도 될까요? 그 배경에는 말씀하시지 않은 어려움이 있는 것 같은데요?"

        - 고객의 표정, 어조, 제스처 등의 비언어적인 요소의 변화를 관찰하고 직관한 것을 질문할 수 있다.

        - 고객에게 배우고 싶은 욕구를 전경으로 끌어올리고, 안전지대에 머물고 싶은 욕구를 배경으로 밀어낼 때 고객과 함께 변화와 성장이 일어난다.

---

3)   네이버 지식백과, 교육학 용어사전 '직관'.

2) 역장 분석(Force Field Analysis)[4]
　(1) 개요
　　- 끌어가는 힘과 반대하는 힘을 찾는 도구로 이 두 힘의 균형이 깨질 때 변화가
　　　일어난다. 긍정/부정, 기대/우려, 이익/손해 등 상반된 관점에서 생각해본다.
　　　끌어가는 힘은 활용하고, 반대하는 힘은 고려하거나 참조한다.

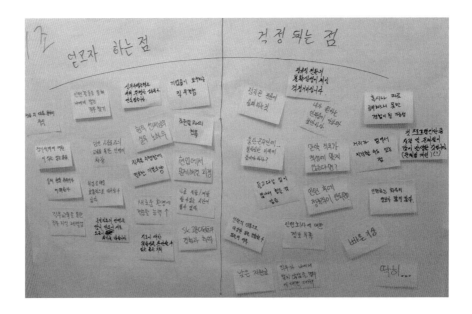

---

[4]　물리학을 근거로 하여 사회심리학자 Kurt Lewis가 개발한 도구다.

(2) 그룹에서의 활용방법

- 일반적으로 반대하는 힘은 불필요한 요소라고 생각해서 제거하거나 약화하려고 하기 쉽다. 물리학을 근거로 한 도구로 비행기는 추진력과 저항력, 양력과 중력이 함께 있으므로 비행할 수 있는 것과 같다.
- 반대하는 힘이 위험요소일 경우 이에 대비하여 피해 가야 한다.
- 갈등하는 두 집단 사이에 상대방 때문에 손해가 된 것도 있지만 이익이 된 것을 서로 찾아보면 갈등하는 힘이 적어질 수 있어 갈등해결 워크숍에서 자주 활용된다.
- 강의나 워크숍 이전에 참여자들에게 기대사항과 우려 사항을 질문했을 때 '어려워서 이해 못 할까 걱정된다'라고 한다면 그것을 고려하여 쉽게 설명하도록 적용해야 할 것이다.

(3) 직관과 성찰을 위한 셀프 코칭

- 고객 스스로 자신감과 에너지가 떨어지고 있을 때 고객을 향해 내 안에서 느껴지는 긍정 직관은 무엇인가?
- 나 자신이 가장 주저하게 되는 요인은 무엇인가?
- 이 장애요인을 어떻게 극복해 왔고, 어떻게 극복할 수 있을까?
- 나 자신이 자신 있게 주도적으로 하는 영역과 저항이 일어나는 영역은 어떤 것들이 있을까?
- 나 자신의 생각, 감정, 욕구는 배경으로 내려놓고, 고객의 생각, 감정, 욕구가 전경으로 올라오고 있는가? 어떠할 때 잘 이루어지지 않는가?

3) STP 분석

  (1) 개요

    - Segmentation, Target, Positioning의 머리글자로 이루어진 도구다.

  (2) 그룹에서의 활용방법

    - Segmentation은 성별, 나이, 직업, 소득, 학력, 거주지, 종교 등의 인구 통계적 특성에 의한 구분이다. 공동체의 성격에 따라 항목을 가감할 수 있다.

    - Target은 해당 공동체가 Target으로 하는 대상을 선택하는 과정이다.

    - Positioning은 정해진 Target을 대상으로 하려면 어떤 차별화 전략이 필요한지를 생각해보는 것이다.

  (3) 직관과 성찰을 위한 셀프코칭

    - 내가 오늘 만날 고객은 세분화(Segmentation)된 그룹 중에서 어디에 속하고 (Target), 그 Target에 걸맞는 어떤 특징과 차별화된 관점(Positioning)을 가지고 있을까?

    - 그렇다면 나는 이 고객을 위해 나의 어떤 강점(What)을 어떻게(How) 활용하는 것이 좋을까?

실습1(50분)

- 두 사람씩 짝을 맺는다.
- 부록에 있는 코칭 노트나 관찰자 노트를 참조하여 인성 코칭의 대화모델인 라포형성(Hands), 목표설정(Underline), 가능성(Mapping), 실행계획(Action plan), 마무리(Nature) 순으로 코칭한다.
- 한국코치협회 윤리규정에 의한 비밀유지 약속을 언급한다.
- 위험 분석, 역장 분석, STP 분석 중에서 협의하여 선택한다.
- 위험 분석을 선택한 경우 요즘 코칭계에서도 점점 중요시되고 있는 윤리적 기준에 대한 인식, 전문성 계발 등을 주제로 하여 코칭을 진행한다.
- 역장 분석을 선택한 경우 에고가 올라오는 영역 등을 주제로 코칭을 진행한다. 비합리적인 신념이나 부정적 정체성이 드러날 때 고객의 에너지를 반전시키는 직관을 활용한다.
- STP 분석을 선택한 경우 코칭을 진행한 후 고객이 어떤 Target군에 속하고, 어떤 차별화된 관점에 초점을 맞추어야 했는지 피드백을 나눈다.
- 그룹 내에서 정리한 것과 연결한 것을 서로 나눈다.
- 상황 민감성 유지에 있어서의 자기 인식과 직관과 성찰을 통한 자기 인식에 대하여 브레인스토밍한다.

3. 자기 평가

1) 행동지표

    (1) 자신의 특성, 강약점, 가정과 전제, 관점을 평가하고 수용한다.

       - 코치 자신의 언어적 습관, 표정 관리, 코치로서의 역량인 지식/기술/태도, 정치/경제/사회/기술적/영적 측면에서의 자신의 색깔 등을 정확히 파악하고 강점을 살리며 코치로서의 자신감을 갖는다.

       - 코칭 경험에서의 성공적이었다고 느꼈던 사례와 실패감을 느꼈던 사례들을 정리해보고, 해당 사례와 관련해서 당시에 어떤 가정과 전제로 코칭을 준비하고 시작했는지를 점검하며 내면의 목소리를 듣는다.

       - 아래의 훌륭한 코치의 특징[5] 중에서 자신의 강점을 찾아보자.

       가. 자신의 가치관을 인식하고 있다.

       나. 자기 인식을 통해 성장한다.

       다. 항상 배운다.

       라. 진취적이다.

       마. 현실적이며 낙관적이다.

       바. 변화에 대한 열의가 있다.

       사. 행동 지향적이다.

       아. 융통성이 있다.

       자. 직설적일 수 있는 용기가 있다.

       차. 사람에게 민감하다.

       카. 진정성을 지니고 돌본다.

       타. 신뢰할 만하고 존경받는다.

       파. 코치로서 자신의 역량을 평가하고 향상시키는 데 헌신한다.

---

5) 게리 콜린스, 『코칭 바이블』, IVP, 2011.

2) PEST 분석

　(1) 개요

　　- 거시적 사회환경을 분석하는 것으로 공동체의 활동에 영향을 줄 수 있는 외
　　　부환경에서 정치적(Political), 경제적(Economical), 사회적(Social) 및 기술적
　　　(Technical) 요인 등을 파악하는 분석기법이다. 고객이 자신의 문제를 여러 측
　　　면에서 바라봄으로써 객관화할 수 있고 전방위적 의식 확장에도 도움이 될 수
　　　있다. 정치가 먼저 나오는 것이 부담이 된다면 순서를 바꾸어 STEP(사회/기술/
　　　경제/정치) 순으로 진행할 수도 있다.

	정치	경제	사회	기술
기회				
위협				

(2) 그룹에서의 활용방법
- 정치적 분석은 정책, 법률, 군사, 무역, 세금 등을 분석한다.
- 경제적 분석은 국가 경제 시스템, 경제성장률, 금리, 환율, 물가상승률, 경기 순환, 실업률 등을 파악한다.
- 사회적 분석은 인구 통계, 교육, 문화, 의식의 변화, 종교와 신념, 건강 의식, 직업 태도, 안전 강조 등을 파악한다.
- 기술적 분석은 최근의 기술 동향, 인프라, 기술 관련 법규, 기술 수준, 기술 인센티브, 연구개발 등을 파악한다.
- 각각의 분야별 기회와 위협요인들로 분석하며 기회 요인들에 이어서는 활용방안을, 위협요인에 대해서는 대처방안을 질문한다.
- PEST라는 어감이 좋지 않으면 순서를 바꾸어 STEP 순으로 진행할 수도 있다.
(3) 자기 평가를 위한 셀프 코칭
- 오늘의 사회적인 일과 관련하여 코치로서 나는 어떤 지식이나 스킬을 가지고 있으며, 이에 대한 나의 태도는 어떠한가?
- 최신 기술의 발전과 관련하여 코치로서 나는 어떤 것을 알고 있으며, 활용할 수 있는가? 이에 대한 나의 태도는 긍정적인가?
- 오늘의 경제적인 상황과 관련하여 코치로서 나는 어떤 관심을 가지고 있으며 전문적인 지식과 스킬은 무엇이 있을까?
- 오늘의 정치적인 상황, 또는 영적인 관점과 관련하여 코치로서 나는 어떤 색깔을 가지고 있으며, 그 근거는 무엇인가? 나와 다른 색깔을 가진 고객을 만났을 때 나의 태도는 어떠한가?

4. 존재감 인식

1) 행동지표
  (1) 자신의 존재를 인식하고 신뢰한다.
    - 고객의 파트너로서 함께하기 위해서는 코치의 흔들림 없는 자신감이 필요하다. 고객이 강한 감정상태를 표출하더라도 마음의 중심을 잃거나 당황하지 않고 든든한 존재로 함께할 때 편안하고 안전한 환경을 제공해 줄 수 있다.
    - 고객의 분야가 코치와 달라서 고객이 말하는 단어마저 이해하지 못하는 경우라도 당황하지 않고 편안하게 임해야 한다. 이러한 경우 오히려 호기심을 제대로 발휘할 수 있다. 코치는 모든 것을 알 필요가 없다. 모르는 것을 모른다고 말할 수 있는 용기가 필요하다. 고객의 주제를 이해한다 하더라도 그의 가치와 신념, 비전과 정체성 등에 대해 모르는 것은 당연하다. 코치가 모르는 것을 드러낼 때 고객도 안전감을 느낄 수 있다. "말씀하신 OKR이 무슨 뜻인가요? 제가 몰라서 여쭙는데 잠깐 설명해 주시겠어요?"

2) SWOT/TOWS
  (1) 개요
    - SWOT은 전략을 세우기 위해 시장 상황을 분석하는 도구다. 내부적인 요인은 강점(Strength)과 약점(Weakness), 외부적인 요인은 기회(Opportunity)와 위협(Threat)으로 구성된다. 내부 요인은 현재 상태로, 외부 요인은 미래로 대체될 수 있다. 그 후에는 TOWS로 이어진다. 내부 요인과 외부 요인을 고려하여 대안을 세우는 과정이다.

	Opportunity	Threat
Strength	SO일 때	ST일 때
Weakness	WO일 때	WT일 때

(2) 그룹에서의 활용방법

- 공동체 내부적으로 강점과 약점이 되는 요소들, 외부적으로서 기회와 위협이 되는 요소들을 하나씩 정리한다.
- 강점과 기회가 만날 때, 강점과 위협이 만날 때, 약점과 기회가 만날 때, 약점과 위협이 만날 때 각각의 대안을 기록하며 정리한다.
- SWOT 사분면을 채운 후 위에 있는 TOWS로 SWOT의 내용을 다시 옮겨야 하므로 처음부터 9분면으로 작업하는 것이 편리하다.

(3) 존재감 인식을 위한 셀프 코칭

- 코치로서의 성장을 위해 내가 받아온 교육 훈련은 어떤 것이 있으며, 그것을 코칭세션에서 어떻게 활용하고 있을까?(Strength)
- 코칭세션에서 나 자신의 에고(ego)가 올라올 때는 주로 고객과 어떤 주제로 이야기를 나눌 때인가?(Weakness)
- 이 시대에 보편적으로 떠오르는 관심이나 코칭 스킬들은 무엇인가?(Opportunity)
- 이 시대에 보편적으로 사라지는 관심이나 스킬들은 무엇인가?(Threat)
- 내가 잘하고 있는 것은 이 시대 보편적으로 떠오르는 관심에 비추어볼 때 어떻게 더 강화시킬 수 있을까?(SO : Strength - Opportunity)
- 이 시대 보편적으로 떠오르는 관심에 비추어볼 때 내 고정관념 때문에 놓치고 있는 것은 어떻게 극복할 수 있을까?(WO : Weakness - Opportunity)
- 이 시대 보편적으로 사라지고 있는 관심들을 내가 여전히 붙잡고 있다면 어떻게 내려놓을 수 있을까?(ST : Strength - Threat)
- 이 시대 보편적으로 사라지고 있는 관심들이기에 나도 이미 내려놓은 것들은 어떤 것들일까?(WT : Weakness - Threat)

3) 이해관계자 분석(Stakeholders Analysis)[6]
  (1) 개요
    - 이해관계자란 공동체의 기획이나 전략에 영향을 주거나 영향을 받을 수 있는 사람이며 내부와 외부에서 찾을 수 있다.

	초록(긍정)	노랑(중립)	빨강(부정)
이해관계자1			
이해관계자2			
이해관계자3			
이해관계자4			
이해관계자5			

	관심도가 높음	관심도가 낮음
영향력이 높음	Key player 협업	Meet their needs 참여
영향력이 낮음	Show consideration 의견반영	Least important 정보제공

---

6) http://www.stakeholdermap.com

(2) 그룹에서의 활용방법

- 내부와 외부의 이해관계자를 찾아본다.
- 영향력의 크기, 영향력을 미치는 영역, 법적 권리, 방해요인, 책임, 권리, 이익 등을 고려한다.
- 첫 번째 도표에 이해관계자의 이름을 나열하고 신호 등을 활용하여 구분해본다.
- 두 번째 도표에 다시 이해관계자들을 분석한다.
- X축은 관심도, Y축은 영향력으로 하여 이해관계자를 분석한다. X축과 Y축에는 낮음(low)과 높음(high)으로 구분된다.
- 영향력이 높고 관심도도 높으면 협력할 동반자다.
- 영향력이 높은데 관심도가 낮으면 그들의 필요와 연결하여 관심을 갖도록 참여시킨다.
- 영향력이 낮고 관심도가 높으면 의견을 참작하고 반영한다.
- 영향력이 낮고 관심도도 낮으면 정보를 제공하여 관심을 끌게 한다.
- 의사결정에 어려움을 주거나 문제점만 찾고 있는 이해관계자를 무시하면 계속 걸림돌이 되고, 잘 관리하면 동반자가 될 수 있다.
- 이해관계자의 동기부여를 위해서는 기대, 관심 분야, 우려 등을 고려한다.
- 이해관계자의 참여를 돕기 위해서는 필요, 가치관, 문제, 문제해결을 위한 조치, WIN-WIN 요소 등을 고려한다.
- 영향력의 높고 낮음에 관계없이 관심도가 낮으면 관심도가 높아지도록 이끄는 것이 필요하다.

(3) 존재감 인식을 위한 셀프코칭

　　- 계약한 고객이 조직인가, 구성원인가?

　　- 고려해야 할 이해관계자는 누구이며 각각의 관심도와 영향력은 어느 정도일까?

　　- 나와 함께 협력할 수 있는 이해관계자는 누구인가?

　　- 참여시켜야 할 이해관계자는 누구인가?

　　- 의견을 반영시켜야 할 이해관계자는 누구인가?

　　- 정보를 전달해 주어야 할 이해관계자는 누구인가?

실습2(50분)

- 두 사람씩 짝을 맺는다.
- PEST 분석, SWOT/TOWS, 이해관계자 분석 중에서 협의하여 선택한다.
- PEST 분석을 선택하는 경우 사회, 기술, 경제, 정치적 관점에서의 직무 능력을 주제로 코칭하면서 어떤 강점을 가지고 있는지, 그것을 어떻게 활용할 것인지에 초점을 맞춘다.
- SWOT/TOWS를 선택한 경우 자신의 강점이 사회적 기회가 되는 부분과 연결되는 것을 찾아 어떻게 활용할 것인지에 초점을 맞춘다.
- 이해관계자 분석을 선택한 경우 이해관계자들에게 어떻게 다가갈지를 코칭하면서 코치로서의 자신감을 북돋운다.
- 그룹 내에서 정리한 것과 연결한 것을 서로 나눈다.
- 자기 평가, 존재감 인식에 대하여 브레인스토밍한다.

■ 자기 인식(역량 2)

① 정의 : 현재 상황에 대한 민감성을 유지하고 직관 및 성찰과 자기평가를 통해 코치
   자신의 존재감을 인식한다.

② 핵심요소
   - 상황 민감성 유지
   - 직관과 성찰
   - 자기 평가
   - 존재감 인식

③ 행동지표
   - 지금 여기의 생각, 감정, 욕구에 집중한다.
   - 생각, 감정, 욕구가 발생하는 배경과 이유를 감각적으로 알아차린다.
   - 직관과 성찰을 통해 자신의 생각, 감정, 욕구가 미치는 영향을 인식한다.
   - 자신의 특성, 강약점, 가정과 전제, 관점을 평가하고 수용한다.
   - 자신의 존재를 인식하고 신뢰한다.

■ 코치의 지속 성장을 위한 제언

- 한국코치협회 인증 심화과정은 KPC 이상의 자격 응시에 필요한 전문적인 기술을 심
  도 있게 다루는 과정이다.

- KAC 자격시험보다 KPC 자격시험은 실기에서 10분을 더 제공한다. KAC 자격 실기
  시험에서는 코칭 대화모델과 기본적인 스킬을 알고 있는가를 점검한다면, KPC 자격
  실기시험에서는 전문 직업인으로서의 역량이 요구된다.

- 이는 코치 자신의 생각, 감정, 욕구에 대해 더 깊고, 넓고, 길고, 높은 차원으로 나아가
  기 위해 끊임없는 성찰과 훈련이 필요하다.

■ Wrap Up(활동 10분)

(1) 기억에 남는 것

(2) 재미있었던 것

(3) 의미 있었던 것

(4) 적용할 것

☞ 코치 역량

코칭 역량 ☞

적극 경청

- 고객이 말한 것과 말하지 않은 것을 맥락적으로 헤아려 듣고 표현할 수 있다.

- 눈 맞추기, 어조와 속도 맞추기, 추임새 등을 하면서 경청하고, 재진술, 요약, 직면을 도울 수 있다.

- 고객의 생각, 감정, 의도, 욕구를 이해하고, 이해한 것을 고객에게 표현할 수 있으며, 고객이 표현하도록 도울 수 있다.

M3. 적극 경청

1. 맥락적 이해

1) 행동지표

   (1) 고객이 말한 것과 말하지 않은 것을 맥락적으로 헤아려 듣고 표현한다.

     - UCLA의 교수인 메라비언[7]은 언어에 의한 의미 전달은 7%, 음색이나 목소리의 높낮이에 의한 의미 전달은 38%, 표정이나 몸짓에 의한 의미 전달은 55%라고 한다. 비언어적인 요소에 의한 의미 전달이 93%라는 것이다. "이 말씀하실 때 목소리가 높아지시면서 어떤 힘이 느껴졌는데 그것이 무엇인지 궁금합니다."

     - 맥락은 고객이 말하는 내용과 환경이 결합된 것이다. 고객의 이슈는 고객의 환경과 긴밀하게 연결되어 있다. 고객을 더 잘 이해하기 위해서는 고객의 환경을 고려해야 한다.

     - 고객의 감정을 포함하여 이야기하는 흐름을 따라가며 고객에게서 반복되는 패턴을 알아차린다.

     - 때로는 고객의 이야기가 사실인지 고객의 해석인지 명확하지 않을 수 있다. 고객 이야기의 맥락 속에서 사실인지 고객의 해석인지를 질문함으로 명료화하면서 들어야 한다.

     - 고객이 전달하는 내용 이면에 무엇인가 더 있다고 생각될 때는 이것을 인식하고 질문하면서 경청한다.

     - 코치는 고객 자신이 보지 못하는 비언어적인 요소를 주의 깊게 살펴보고 이야기해 줄 수 있다. 눈과 입으로 하는 경청이라고 할 수 있다. 코치가 고객의 비언어적인 요소를 말해줌으로 고객의 새로운 자기 인식이 이루어질 수 있다.

---

[7]   허은아, 『메라비언의 법칙』, 위즈덤하우스, 2012.

- 맥락적 이해는 모든 코치에게 있어서 중요한 역량이나 특별히 KSC 심사항목에만 포함되어 있다. KSC는 수퍼바이저(Supervisor) 코치이기에 수퍼비전에 있어서 맥락적 이해는 간과할 수 없는 요소이기 때문이다. 수퍼비전을 받기 위해 찾아온 수퍼바이지(Supervisee) 코치의 코칭 장면을 듣고 피드백을 나눌 때는 다양한 맥락적 이해가 필요하다. 피터 호킨스는 수퍼비전 코칭에 있어서 놓치지 않아야 할 맥락들[8]을 이렇게 소개한다. 수퍼바이지 코치의 환경, 작업과 관련된 폭넓은 맥락, 수퍼바이지 코치에게 코칭을 받았던 고객의 맥락, 전문성과 조직의 맥락, 수퍼바이지와 그의 고객과의 관계의 맥락, 수퍼비전 관계의 맥락, 수퍼바이저의 맥락을 통합적으로 이해하여 경청할 수 있어야 수퍼비전을 통해 실제로 수퍼바이지 코치의 성장을 지원할 수 있기 때문이다.

2) Rich Picture
  (1) 개요
    - SSM(Soft Systems Methodology)에서 개발한 도구로 Rich는 Detail을 의미한다. 고객의 경험을 감성적인 그림과 이성적인 문자 모두를 표현하게 함으로 고객이 생각지 못한 것도 자연스럽게 진행 과정에서 드러난다.

---

8) 피터 호킨스 외, 김상복 외 공역, 『수퍼비전 : 조력 전문가를 위한 일곱 눈 모델』, 한국코칭수퍼비전아카데미, 2019.

(2) 그룹에서의 활용방법

- 그림, 상징, 스케치, 캐릭터가 모두 가능하며 그림을 그린 후에는 말풍선 등으로 설명을 더하게 한다.
- 고객이 설명한 내용을 그대로 코치가 반복하여 표현한다.
- 하나 이상의 문장을 말한 경우에는 키워드나 주요 문구로 요약하여 표현한다.
- 고객이 말한 단어를 바꾸지 않고 그대로 따라 하며 듣는다.
- 온라인에서도 패들릿(Padlet)의 그림 그리기나 그림 검색 옵션, 줌의 화이트보드 등을 활용할 수 있다.

(3) 맥락적 이해를 위한 대화

- 고객님의 그 주제와 관련된 경험을 그림으로 표현해보시겠어요? 그림 속의 주인공들의 말풍선도 달아주시겠어요?
- 글로 표현하신 내용을 그림으로 떠오르시는 것이 있다면 표현해 주시겠어요?
- 글과 그림은 지금 어떤 상황인가요?
- 그림 속의 이 사람은 활짝 웃고 있는데 어떤 마음인가요?
- 고객님께서 이야기하신 내용으로는 이해가 되지 않는 그림 속의 이 모습은 무엇인지 궁금한데 좀 더 나눠주시겠어요?
- 오늘 함께 대화를 나누면서 어떤 마음이 느껴지셨나요?

3) 공동체지도(Community Map)

  (1) 개요

    - 지역개발, 주민자치, 도시재생, 마을공동체 등에서 전략을 세우거나 문제를 발굴하고 해결방안을 찾을 때 사용하는 것으로 지역의 지도를 바탕으로 구체적인 의제나 자산을 찾는 데 유용한 도구이다. 온라인에서는 포털사이트가 제공하는 지도를 활용할 수도 있다.

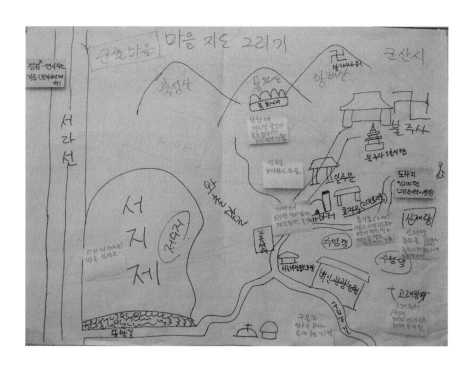

(2) 그룹에서의 활용방법

- 고객의 이슈가 있었던 지역의 지도를 그리게 한다. 지도는 정확성보다는 고객이 인지하고 있는 범위 안에서 주관적으로 그리면 된다.
- 고객이 주제와 관련된 경험들을 지도의 해당 위치에 생각나는 대로 기록하게 한다.
- 기록한 경험들의 이야기를 스토리텔링으로 들어본다.
- 이야기하는 중에서 고객이 자신의 자원들을 찾는다.
- 온라인에서는 지도(예 : 패들릿, 구글지도)에 여행지를 체크하고 추억을 나눌 수 있다.

(3) 맥락적 이해를 위한 대화

- 고객님께서 이야기하신 이슈가 있었던 그 지역의 지도를 주관적으로 그려보시겠어요? 말씀하신 곳이 바로 이 환경에서 펼쳐진 것이었군요.
- 고객님의 주제와 관련해서 소소한 경험들을 생각나는 대로 10가지 정도를 관련된 위치에 기록해보시겠어요? 기록하신 내용 하나하나가 무게 있게 다가오네요.
- 기록한 내용들은 각각 어떤 이야기를 담고 있을까요? 한 편의 드라마를 보는 듯한 느낌이었습니다.
- 지도를 그리고 경험을 이야기하시면서 가장 뭉클함이 올라오는 곳은 어디인가요? 와우, 고객님의 에너지가 그곳과 관련이 있으셨군요.

실습3(50분)

- 두 사람씩 짝을 짓는다.
- 한 사람은 코치가 되고 한 사람은 고객이 되어 20분간 코칭을 진행한다.
- 코칭을 시작할 때 윤리규정을 언급하고 주제에서 목표를 찾아간다.
- 고객의 주제에 따라 Rich Picture와 공동체지도를 활용하여 코칭한다.
- Rich Picture를 선택할 때는 앞에서 안내한 '맥락적 이해를 위한 대화'를 참조하여 진행한다. 고객이 그림을 그리게 하고, 말풍선을 달도록 안내한다. 그림은 말로 표현되지 않은 많은 비언어적인 정보를 담고 있다. 언어와 문자로 표현되지 않은 그림의 숨겨진 의미를 질문하며 비언어적인 요소들을 경청한다. 언어와 문자로 표현된 내용도 더 고객의 경험을 바탕으로 한 독특한 해석이 담겨있을 수 있으므로 질문하여 명확화한다.
- 공동체지도를 선택할 때도 앞에서 안내한 '맥락적 이해를 위한 대화'를 참조하여 진행한다. 고객의 맥락을 이해하는 데 중요한 요소인 장소와 환경에 초점을 맞춘다. 고객의 이슈는 환경과 긴밀하게 연결되어 있다. 고객의 이슈는 고객의 환경 가운데서 나온 것이다. "주제와 관련해서 소소한 경험들을 관련된 장소에 기록해보시겠어요? 어떤 이야기들을 담고 있을까요? 가장 뭉클함이 올라오는 곳은 어디인가요?"
- 역할을 바꾸어 20분간 진행한다.
- 서로 5분씩 코치로서, 고객으로서의 피드백을 나눈다.
- 맥락적 이해를 위한 다양한 방법에 대하여 브레인스토밍한다.

2. 반영

1) 행동지표
   (1) 눈 맞추기, 고개 끄덕이기, 동작 따라 하기, 어조 높낮이와 속도 맞추기, 추임새 등을 하면서 경청한다.
     - 반영의 사전적 의미는 "상대방의 이야기를 듣고 이해한 것을 다시 말하는 것"[9] 이다. 눈 맞추기, 고개 끄덕이기, 동작 따라 하기, 어조 높낮이와 속도 맞추기, 추임새 등은 고객을 지지한다는 것을 돌려보내는 것이다. 코칭은 코치가 답을 주는 것이 아니고 고객이 스스로 풀어내도록 돕는 것이므로 코치가 해야 할 가장 중요한 과제는 고객의 에너지를 높여 고객이 원하는 미래를 향해 스스로 움직이게 하는 것이다.
   (2) 고객의 말을 재진술, 요약하거나 직면하도록 돕는다.
     - 코치가 고객의 말을 잘못 이해한 채로 코칭이 진행된다면 헛돌 수 있으므로 고객의 핵심을 올바로 이해하고 있는지 점검이 필요하다. 코치가 고객이 정말 원하는 방향으로 한 마음이 될 때 코칭은 표류하지 않고 목적지를 향하여 순탄하게 항해할 수 있다.
     - 맥락적으로 이해하면서 경청하다 보면 고객의 불일치를 발견할 수 있다. 이때 고객에게 질문하여 직면하게 할 수 있다. 내향적이라고 하면서도 적극적인 모습을 보이거나, 자신감이 없다고 하면서도 탁월한 점을 이야기하는 등 부정적 정체성으로 귀결되는 불일치가 나타날 때 이를 직면하게 하여 명확성을 돕고, 에너지를 높일 수 있다.

---

9) 네이버 지식백과, "반영".

2) ORID[10]

(1) 개요

- Objective, Reflective, Interpretive, Decisional로 구성되며 코칭, 교육, 워크숍을 마치고 디브리프 시에 주로 활용되는 도구다. 예술작품(미술, 음악, 영화 등)을 감상하면서 경청을 깊고 넓게 할 수 있다.

10)   Joseph Mathews가 개발한 도구다. 채홍미, 주현희, 『퍼실리테이터』, 아이앤유, 2012.

(2) 그룹에서의 활용방법

- Objective는 사실이다. "순수하게 예술작품을 감상하라", "기억나는 것이 무엇인가?", "무엇을 보았는가?"

- Reflective는 감정이다. "작품을 보거나 듣고 각자의 마음에 느끼는 감정에 귀기울이라", "재미있었던 것은 무엇인가?", "슬펐던 것은 무엇인가?"

- Interpretive는 논리적으로 해석되어 자신의 이야기가 된 것이다. "작품에서 이야기하려고 하는 것이나 시사하고 있는 점이 무엇인지 생각하라", "의미 있었던 것은 무엇인가?", "교훈을 얻은 것은 무엇인가?"

- Decisional은 결론이다. "작품을 통해 자신만의 결론이나 결정을 내려라", "자신의 결론은 무엇인가?", "어떤 일에 적용할 것인가?"

- 본 교재에서도 각 모듈을 마칠 때마다 Wrap Up에서 활용하고 있다. 코칭 중 키워드(O), 키워드의 느낌이나 감정(R), 그 감정으로 정리되는 해석과 생각(I), 정리 후 떠오르는 실행계획(D) 순으로 적용할 수 있다.

(3) 반영적 경청을 위한 대화

- 오늘 코칭세션 중에 가장 기억에 남는 것이나 의미 있었던 것은 무엇인가요? 그 말씀 하실 때 손의 움직임이 이렇게 커지셨네요.

- 오늘 코칭세션에서 가장 즐겁고 행복했던 순간을 나눠주시겠어요? 고객님의 목소리에 기쁨이 묻어있네요. 어떤 기쁨인지가 궁금합니다.

- 고객님께서 지금 "아하" 하고 느끼시는 듯하셨어요. 제 생각이 맞다면 그렇게 생각하시게 된 힘이 어디에서 온 것인가요?

- 제가 느끼는 점 한 가지 말씀 드려도 될까요? 자신이 없다고 하셨는데 제가 오늘 코칭을 들어보면서 말씀하셨던 이런 일들이 떠오르네요. 이것은 고객님의 탁월성이 아닐까 싶습니다만, 어떠신가요?

3) ENOW[11]

  (1) 개요

    - GROW 모델과 유사한 다이얼로그용 대화 모델이다. 내면의 느낌이나 인성, 영
성 등과 같은 가치 중심의 모호한 주제를 가지고 다이얼로그를 진행하기 적합
하게 설계되었다.

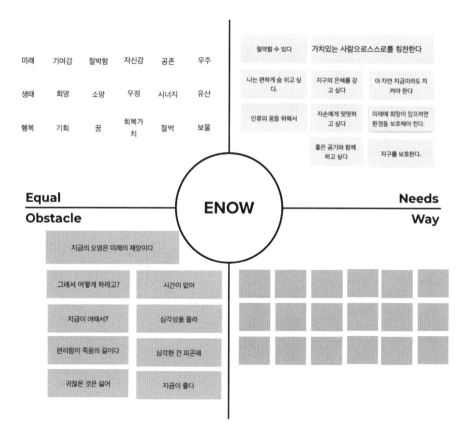

11) 홍삼열, 『프로세스코칭 워크북』, 도서출판 좋은땅, 2016.

(2) 그룹에서의 활용방법

- Equal은 정의(Define)나 은유(Metaphor)를 포함할 수 있다.

- Needs는 필요성, 가치(Value)와 의미(Meaning)를 포함할 수 있다.

- Obstacle은 장애물이나 어려움(Difficult)을 포함할 수 있다.

- Way는 방향(Direction)이나 방법(Method)을 포함할 수 있다.

- 의식확대용 Equal, Needs, Obstacle을 거쳐 실행계획으로 연결된다.

(3) 반영적 경청을 위한 대화

- 고객님의 목표를 이루기 위해서는 무엇부터 다루어야 할까요? 은유로 표현해 주셔도 좋습니다. 고객님께서 이런 은유를 사용하셨는데 그 말씀을 하시고 나니까 어떤 마음의 역동이 일어나시나요?

- 고객님의 목표는 고객님의 어떤 가치관과 연결된 것인가요? 고객님께서 이런 가치관을 나누어주셨는데 그 말씀을 하시고 나니까 마음에 어떤 여운이 남으 시나요?

- 고객님께서 이 목표를 이루시는 과정에서 어떤 장애물이나 어려움이 예상되시 나요? 이런 장애나 어려움을 예상하셨는데 어떤 각오가 생기시나요?

- 고객님이 가시는 길은 어떤 길인가요? 고객님이 가시는 길을 피력하셨는데 어 떤 다짐이 있으실 것 같아요. 나눠주시겠어요?

4) 연대기(Historical Scan)[12]

(1) 개요

- 윗부분은 Life Graph처럼 개인, 가정, 직장, 공동체 등 주변에서의 주제와 관련
된 경험을 중심으로 먼저 기록한 후 사회적, 국가적, 국제적 차원의 관련 이슈
를 생각해보고 기록한 내용을 중심으로 주관적인 시대 구분을 하면서 통찰을
얻도록 하는 도구다.

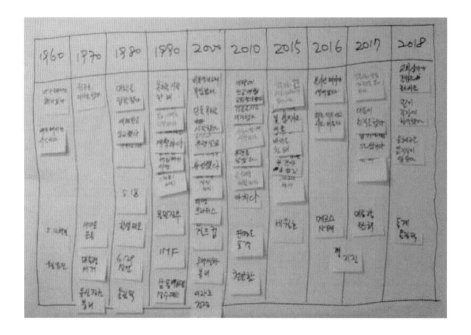

---

12)   ICA(International Culture Affairs)의 Technology of Participation(ToP)에서 개발한 도구다.

(2) 그룹에서의 활용방법

- 전지에 아래와 같이 연대를 나눈다.
- 최근 몇 년간은 1년 단위로, 그 이전은 10년 단위로 한다.
- 해당연도에는 어떤 일들이 있었는지 접착메모지에 기록한다.
- 개인, 가정, 직장, 공동체 등 주변에서 일어난 기억들을 기록한다.
- 해당 연대에 사회적, 국가적, 국제적으로는 어떤 사건들이 있었는지 사건을 추가한다.
- 고객의 주관적인 시각으로 3~4가지 시대 구분을 해본다.

(3) 반영적 경청을 위한 대화

- 고객님의 주제와 관련하여 개인, 가정, 직장, 공동체 중에서 기억나는 사건 5가지만 떠올려보시겠습니까?
- 고객님의 주제와 관련하여 사회적, 국가적, 국제적으로 어떤 사건들이 있었는지 고객님이 한 가지 이야기하시면 제가 한 가지 이야기하면서 10가지 정도 적어보시겠습니까?
- 고객님의 주관적인 시각으로 주제와 관련하여 시대를 나눈다면 어떻게 구분하시겠습니까? 고객님의 통찰이 정말 인상적입니다.
- 구분한 각각의 기간에 어떤 이름을 부여하시겠습니까? 고객님의 창의성이 놀랍습니다.
- 이렇게 지나온 세월의 흔적을 보면서 고객님 자신에게 어떤 이야기를 해 주고 싶으신가요?

실습4(50분)

- 두 사람씩 짝을 짓는다.
- 한 사람은 코치가 되고 한 사람은 고객이 되어 20분간 코칭을 진행한다.
- 고객의 주제에 따라 ORID, ENOW, 연대기 중에서 협의하여 선택한다.
- ORID를 선택할 때는 눈 맞추고, 고객 끄덕이고, 동작을 따라 하고, 어조의 높낮이나 속도를 맞추고, 추임새를 하면서 경청하는 데 초점을 맞춘다. 퍼실리테이션의 도구들은 질문이라기보다는 카테고리이다. 코치는 고객의 이야기 속에서 사실(Objective), 감정(Reflective), 해석(Interactive), 결의(Decisional)를 구분하여 듣는다.
- ENOW를 선택할 때는 고객이 직면하도록 돕는 데에 초점을 맞춘다. 질문은 의식 확장 외에도 입으로 듣는 경청을 위해 반드시 필요하다. 고객 자신만의 정의나 은유(Equal), 고객의 이슈와 관련한 가치와 신념(Needs), 목표를 가로막는 장애요인(Obstacle), 이를 뚫고 나갈 수 있는 길(Way)을 듣는다.
- 연대기를 선택할 때는 고객의 말을 재진술, 요약한다. 고객의 주변상황을 몇 가지 떠올려보게 하고, 사회적/국가적/국제적인 이슈들과 연결시켜 보면서 고객의 주관적인 시각으로 시대를 구분하는 것을 토대로 재진술과 요약을 해본다.
- 역할을 바꾸어 20분간 진행한다.
- 서로 5분씩 코치로서, 고객으로서의 피드백을 나눈다.
- 반영적 경청에 대하여 브레인스토밍한다.

3. 공감

1) 행동지표

  (1) 고객의 생각이나 감정을 이해하며, 이해한 것을 고객에게 표현한다.

    - 코칭은 상담과 달리 고객의 마음을 읽어내는 독심술로 접근하지 않는다. 생각이나 감정에 관한 단어가 고객의 입에서 나올 때 이를 질문하면서 깊이 탐험하며 인지해 나가는 것이다.

    - 감정을 나타내는 단어는 한국FT코칭연구원이 개발한 질문느낌카드에서 몇 가지 예를 들면 감사, 겁, 겸손, 경멸, 경쟁심, 공손, 공포, 과대평가, 교만, 그리움, 놀람, 당황, 대담함, 동정, 망설임, 매력, 멸시, 미움, 박애, 복수심, 분노 등이다. 참고로 분노는 자신이 잘하는데 다른 사람이 못하는 것을 보면 일어날 때가 많아 코치는 탁월성이라고 읽는다.

    - 사람의 마음은 80% 이상이 부정적이라고 한다. 하지만 부정적 감정을 계속 따라가면 코칭이 아니고 치유상담으로 빠지기 쉽다. 감정을 탐색하면서 긍정과 접속하여 미래를 향한다.

  (2) 고객의 의도나 욕구를 이해하며, 이해한 것을 고객에게 표현한다.

    - 욕구(Needs)는 다른 말로 필요다. 따라서 욕구와 관련된 단어는 채워졌는지, 채워지지 않았는지로 크게 구분된다. 불안하다/섭섭하다/속상하다 등은 욕구가 채워지지 않은 상태이고, 감격스럽다/상쾌하다/벅차다 등은 욕구가 채워진 상태의 표현들이다. 이와 같이 욕구와 관련된 단어를 잡아 질문하며 경청한다.

    - 의도는 욕구가 좀 더 명확하게 그림으로 그려진 상태이다. 배고픈 것이 채워지지 않은 욕구라면 머릿속에 떠오른 햄버거는 의도라고 할 수 있듯이 욕구에서 한 걸음 더 나아간 상태이다. 욕구나 의도 역시 질문으로 탐색하며 더 자세한 이야기를 경청한다.

- 사람에 대하여 성선설과 성악설로 각각 주장이 다를 수 있으나 한 가지 분명한 것은 사람은 자신에게 맡겨진 일을 잘 완수하여 인정과 칭찬을 받고 싶어 하는 것은 동일하다. 이런 신뢰를 가지고 읽어주는 경청이 코치에게 필요하다.
- 다른 사람을 비난의 눈초리로 바라볼 때 떠오르는 단어들(예 : 설친다)을 10가지 정도 기록해보자. 그리고 각각에 해당하는 선한 의도(예 : 적극적이다)를 생각해보자.
- 성서에 의하면 예수의 제자 빌립이 그의 지인인 나다나엘에게 "훌륭하신 우리 선생님 말씀 좀 같이 들어보자"고 제안했을 때 나다나엘은 "그분의 고향이 어디냐"고 물었고 '나사렛'이라고 대답했다. 나다나엘은 곧바로 "나사렛에서 무슨 선한 것이 나겠느냐"고 거절한다. 이 말을 들은 예수가 나중에 나다나엘을 만났을 때 나라를 위해 기도하는 모습을 칭찬하면서 라포형성을 한 후 나다나엘이 이야기했던 지역감정이나 선입견을 말하는 대신 "네 속에 간사함이 없도다"라고 그의 선한 의도를 드러내고 지지했을 때 그는 그 자리에서 바로 예수의 제자가 되었다. 선한 의도를 읽어주는 경청만으로도 큰 변화와 성장을 경험할 수 있다.

2) 그림카드 활용

  (1) 개요

    - 그림이나 사진카드는 감성을 자극하여 생각을 확장해주기에 좋은 도구이다.
온라인(줌이나 메타버스 등)에서 활용할 때는 저작권에 어긋나지 않도록 코치
자신이 촬영한 사진을 스캔하여 활용하는 것이 좋다.

  (2) 그룹에서의 활용방법

    - 50여 장으로 구성된 그림카드나 사진카드 한 세트를 펼쳐놓는다.

    - 고객이 과거, 현재, 미래를 이야기하며 자신을 소개하기 위해 그림이나 사진 3
장을 선택하고 설명한다.

    - 코칭 주제와 목표를 나누기 위해 선택한 그림을 빗대서 구체적으로 설명하게
한다.

    - 고객이 선택한 사진을 부착하고 자신의 소개나 목표와 관련하여 떠오르는 생
각을 사진 하단에 기록하여 결과물을 남긴다.

(3) 공감적 경청을 위한 대화

- 고객님 이야기를 이해하는 데 도움이 될 만한 그림을 몇 가지 선택하시고 그 연결점을 나눠주시겠어요? 제가 느낀 것을 좀 나눠도 될까요? 고객님께서 자신이 없다고 하셨는데 그 말씀을 하시는 것을 들으니 엄청난 자원을 가지고 계시는 분으로 느껴졌어요. 어떠신가요?

- 오늘 코칭 목표를 설명할 수 있는 그림을 선택해주시고 그 그림에서 떠오르는 고객님의 가치나 신념을 나눠주시겠어요? 말씀을 들으면서 고객님의 이런 마음이 느껴졌어요.

- 핸드폰에 가지고 있는 가장 행복한 모습이 담긴 사진을 찾아보세요. 그 사진을 보면서 어떤 느낌이 드시나요? 귀한 사진을 간직하고 계시군요. 그것을 보니까 고객님의 이런 선한 의도가 느껴지네요.

- 고객님께서 그림과 같이 바라시는 모습에 적극 공감합니다. 바라시는 것을 이룰 수 있도록 함께 최선을 다하겠습니다.

3) Blob Tree[13]

   (1) 개요

   -『Blob Tree』라는 책은 한 권 전체가 그림과 같이 길고 가는 나무를 오르는 그림
   들도 가득 차 있다. 여럿이 함께 있기도 하고, 다른 사람의 도움을 주고받기도
   하며, 안정된 자리에 머물기도 하고, 오르기도 하며 아래로 미끄러져 내려오기
   도 한다.

   (2) 그룹에서의 활용방법

   - 그룹 코칭에서 활용할 때에는『Blob Tree』밑그림을 A3용지에 인쇄된 한 장의
   그림에 그룹이 모두 참여한다.

   - 1.6cm 크기의 원형스티커(Dot Sticker)에 각자 자신의 성을 네임펜으로 기록한
   후 자신의 현재 상태를 의미하는 자리에 부착한다.

   - 어떤 의미로 그 위치에 부착했는지를 돌아가며 공유한다.

   - 일대일 코칭에서는 A4용지에 인쇄하여 개인적으로 그림 속의 한 사람을 선택
   한 후 그 의미를 나눈다.

   - 온라인상에서는 다음 페이지의 그림처럼 사람마다 번호를 붙이고 사용하면 모
   두가 해당 위치를 바로 인식할 수 있어 대화가 쉬워진다.

---

13) Pip Wilson and Ian Long, 『The Big Book of BLOB TREE』, Routledge, London & NY, 2018.

(3) 공감적 경청을 위한 대화

  - 그 위치에 서 보니 고객님의 몸은 어떻게 반응하시나요?
  - 고객님은 오늘의 코칭 주제와 관련해서 이 그림 중에 어떤 위치에 있다고 생각
    이 되나요? 그 위치에 있는 고객님은 어떤 생각이나 행동을 하고 있나요? 그런
    생각을 가지신 고객님에게서 열정이 느껴졌습니다.
  - 그 위치를 선택하신 고객님은 어떤 분이신가요? 그런 중요성에 기반을 둔 것이
    군요?
  - 이 위치에서 어떤 위치로 이동되면 가장 원하시는 모습과 일치할까요? 이동하
    시는 고객님의 모습에서 세상을 아우르는 아우라가 느껴졌습니다.

4) 리더십 역량 경청
  (1) 개요
    - 소그룹이 팀으로 질문을 통한 상호작용을 하면서 팀 코칭도 이루어지고 서로
      가 서로에게 학습이 이루어지는 다이얼로그 프로세스이다. 싱가포르 MCC에
      게서 교육을 학습하면서 제공받았던 Action Learning Coach(WIAL) 교재에서
      참조한 것이다.

리더십 역량(competency)

대인관계	인지능력	전략적사고
거시적사고	갈등관리	강점탐구
다양성관리	고객지향성	결과지향성
변화관리	공감능력	경청력
비판적사고	대인감수성	비전제시
상황대처능력	동기부여	비즈니스감각
자기확신	유머감각	전략실행력
재구성	의사소통	질문력
창의성	정서관리	추진력
혁신성	협상력	팀워크형성

(2) 그룹에서의 활용방법

- 6명에서 8명 정도로 소그룹을 나눈다.
- 앞의 27가지로 구성된 리더십 역량 테이블에서 각자 자신이 상대적으로 잘하는 리더십 역량을 선택한다. 다른 사람이 선택한 역량은 배제한다.
- 소그룹 내 고객 역할을 할 자원자가 코칭 주제를 약 2~3분간 설명한다.
- 질문 위주로 진행되며 질문을 받은 사람은 충분히 대답한다.
- 고객 외 모든 참여자는 코치가 되어 고객에게 약 20분간 질문을 한다.
- 고객이 제시한 주제에 대하여 코칭 질문을 하되 자신이 선택한 리더십 역량과 고객이 선택한 리더십 역량의 내용을 담아서 질문한다.
- 고객이 자신의 이야기를 완료할 수 있도록 중간에 끊지 않는다.

(3) 공감적 경청을 위한 대화

- 고객님의 이야기를 들으니 거시적인 사고를 가지고 계시면서도 공감능력이 탁월함을 느낄 수 있었는데 어떠신가요?
- 제가 느낀 점을 좀 나누어도 될까요? 말씀을 듣는 동안 고객님의 전략실행력이 탁월하게 느껴지는데요. 거기에 정서관리까지 잘하시는 분으로 보여 매우 인상적입니다. 이 말을 들으시니 어떠신가요?

실습5(50분)

- 여섯 사람이 한 조가 된다.
- 한 사람은 코치, 한 사람은 고객이 되어 20분간 코칭을 진행한다.
- 라포형성을 위해 그림카드를 활용한다.
- 주제에서 목표를 찾는 과정에서 고객의 경험을 듣고 공감하기 위해 『Blob Tree』를 활용한다. 코치와 고객 외에 네 사람의 관찰자들은 각각 고객의 생각, 감정, 의도, 욕구와 관련된 단어를 구분하여 정리한다. 특별히 표현되지 않거나 반대로 표현된 선한 의도에 대해서 경청한다.
- 5분간 관찰자들이 구분하여 기록한 것을 공유한다.
- 서로 5분씩 코치로서, 고객으로서의 피드백을 나눈다.
- 리더십 역량 경청을 활용할 경우는 앞에서 안내한 '공감적 경청을 위한 대화'의 예를 따라서 코칭한다.
- 코칭에서 이 도구를 어떻게 활용할 수 있을지 브레인스토밍한다.

4. 고객의 표현 지원

1) 행동지표
    (1) 고객이 자신의 생각, 감정, 의도, 욕구를 표현하도록 돕는다.
       - 코치와 고객의 대화의 비율은 2 대 8에 가까워지도록 노력한다. 코치의 요약이
         나 재진술을 포함하여 이 비율이 되기는 좀처럼 쉽지 않다. 그럼에도 불구하고
         이런 기준을 이야기하는 것은 고객이 충분히 말하게 해야 충분히 들을 수 있기
         때문이다. 충분히 들어야 고객 안에 있는 보물을 발견할 수 있다.
       - 고객이 자연스럽게 이야기를 잘 펼칠 때는 이 비율에 가깝게 되지만 고객의 답
         변이 짧을 경우에는 고객이 계속 말할 수 있도록 표현을 지원하는 경청의 기술
         이 더욱 필요하다.
       - 몇 단어만으로 진술한 요약된 내용으로는 고객을 충분히 이해할 수 없다. 따라
         서 고객의 표현을 지원하는 중간 질문이 필요하다. 중간 질문을 할 때는 고객의
         생각, 감정, 의도, 욕구와 관련된 단어를 잡아서 질문하며 따라 들어가야 한다.
       - 자극과 반응 사이의 스페이스를 위해 고객의 침묵을 기다리기도 하지만 때로
         는 코치도 침묵하는 시간, 또는 인정 지지나 추임새 등을 통해서도 고객이 스스
         로 더 표현하도록 지원할 수 있다.

2) 공감지도(Empathy Map)[14]

  (1) 개요

    - Design Thinking에서 제품이나 서비스의 개선점을 찾기 위해 사용자 개개인의 페르소나와 프로필을 분석한다. 사용자들의 생각과 느낌, 듣기, 말하기와 행동하기, 보기, 제품이나 서비스로 손해가 되는 것과 이익이 되는 것 등의 내용 속에서 사용자의 욕구를 통찰하고 정의하는 도구이다.

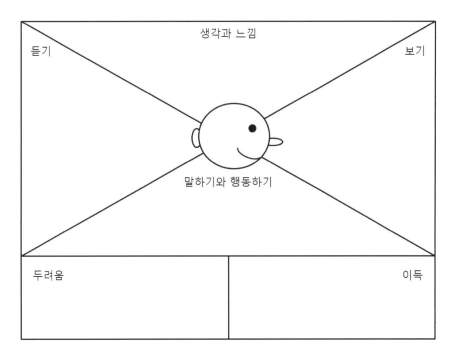

14) https://www.innovationgames.com/empathy-map

(2) 그룹에서의 활용방법

    - 코칭에서 활용할 때는 경우에 따라 손해가 되는 것과 이익이 되는 것, 이 두 가지 질문은 생략하기도 한다.

    - 고객의 성격이나 취향을 설문이나 진단지로 조사하지 않더라도 공감 지도를 통한 자연스러운 접근으로도 그 이상의 효과를 볼 수 있다.

(3) 고객의 표현 지원을 위한 대화

    - 무엇이 가장 만족스러우셨나요?

    - 어떤 점이 염려되거나 주저하게 만들고 있나요?

    - 고객님은 그 과정 속에서 어떤 이야기가 듣고 싶으셨나요?

    - 그 말씀하시는 동안에 힘이 느껴졌는데 그것이 무엇인지 궁금합니다.

    - 고객님의 현재 몸(마음)의 상태를 표현해 주시겠어요?

    - 고객님께서 가장 피하고 싶은 장면은 무엇인가요?

    - 이 부분에 중요성을 가지고 성취하시려는 고객님은 어떤 분이신가요?

    - 고객님이 이 말씀을 하시면서 표정이 변화되셨는데 어떤 마음인가요?

    - 고객님께서 말씀하신 것은 어떤 의미인가요?

3) 인생 수레바퀴

　(1) 개요

　　- 코칭에서 많이 사용하는 도구로 균형 있는 삶을 통해 풍요로운 삶을 이루도록 인생의 중요한 영역을 나타내고 있다. 사랑, 재미/여가, 경력, 친구/가족, 개인적/영적 성장, 부/명예, 체력/건강, 창조성/자기표현 등 8가지 영역을 개인적으로 표시한다. 이 도구는 코칭 주제를 선뜻 떠올리지 못하는 고객에게도 참고가 된다.

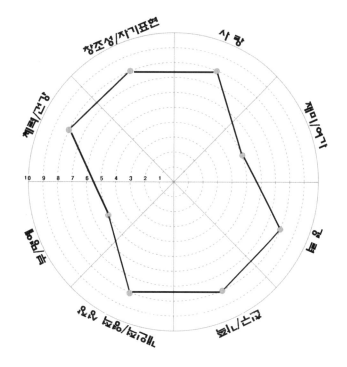

인생 수레바퀴[15]

---

15)　홍삼열 외, 『긍정라이프를 위한 5가지 스킬』, 도서출판 좋은땅, 2022.

(2) 일반적인 활용방법

- 그림과 같이 8가지 영역에 10점 척도로 해당되는 점수를 표시하고 표시된 점끼리 서로 연결한다.
- 미래에 이루고자 하는 점수를 10점 척도로 표시하고 표시된 점끼리 다른 색깔의 펜으로 서로 연결한다.
- 어떤 영역에서 성장하기를 원하는지 질문하여 코칭 대화의 주제를 정하고 목표를 합의한다.

(3) 고객의 표현 지원을 위한 대화

- 주제가 떠오르지 않는다면 이 그림을 보시고 체크해 보시겠어요?
- 미래에는 어떤 모양이 되기를 원하는지 각 영역을 체크해 보시겠어요?
- 체크하신 결과를 보시니까 어떤 분야에서 성장하고 싶으신가요?
- 고객님은 자신의 사랑의 삶에 대하여 어느 정도 만족감을 가지고 계신가요? 그것을 위해 어떤 노력을 할 수 있을까요?
- 고객님은 삶의 재미나 여가에 대하여는 어떠신가요?
- 고객님은 자신의 경력에 대하여는 어떠신가요?
- 고객님은 가족 관계나 친구 등 사회적 관계에 대해서는 어느 정도 만족감을 가지고 계신가요? 더 필요한 것은 무엇인가요?
- 고객님의 개인적이고 영적인 성장에 대해서는 어떠신가요?
- 고객님의 현재 재무상태나 명예에 대해서는 어떠신가요?
- 고객님의 체력이나 신체건강에 대해서는 어떠신가요?
- 고객님의 창조성이나 자기표현에 대해서는 어떠신가요?
- 지금 말씀하신 주제는 이 장표에서 어떤 영역과 직결되나요?

실습6(50분)

- 두 사람씩 짝을 짓는다.
- 한 사람은 코치가 되고 한 사람은 고객이 되어 20분간 코칭을 진행한다.
- 두 사람이 합의하여 공감지도와 인생 수레바퀴 중에서 선택한다.
- 공감지도를 선택한 경우 장표에 표현된 내용을 중심으로 고객의 표현을 지원하는 데 초점을 맞춘다. 이 장표에 고객이 표현하는 욕구 중에 듣고 싶어 하는 것, 생각하고 느끼고 싶어 하는 것, 보고 싶어 하는 것, 말하고 행동하고 싶어 하는 것을 적고 그 단어를 통해서 6W2H(Why, What, Where, When, Who, Want, How, How much)로 질문하며 따라 들어간다. 경우에 따라서는 듣고 싶지 않은 것, 생각하고 싶지 않은 것, 보고 싶지 않은 것, 말하고 싶지 않은 것도 따라 들어갈 수 있다.
- 인생 수레바퀴를 선택한 경우 장표에 현재 상태를 10점 척도로 체크한 후 선으로 연결하고, 미래에 원하는 상태를 10점 척도로 체크하고 선으로 연결한 후, 코치는 고객이 표시한 장표를 통하여 각 영역별로 고객이 관심 있는 주제들을 들으며 자연스럽게 가장 관심 있는 영역을 듣는다. 또는 이미 이야기한 주제가 이 장표의 어떤 영역과 연관이 있는지를 물으며 경청한다.
- 역할을 바꾸어 20분간 진행한다.
- 서로 5분씩 코치로서, 고객으로서의 피드백을 나눈다.
- 적극 경청을 위해 고객의 표현을 지원하는 더 많은 방법에 대해 브레인스토밍한다. 질문은 의식 확장과 경청을 위해서 가장 많이 필요하다. '적극 경청'의 고객 표현지원 차원에서의 활용방법을 생각해본다.

■ 적극 경청(역량 6)

① 정의 : 고객이 말한 것과 말하지 않은 것을 맥락적으로 이해하고 반영 및 공감하며, 고객 스스로 자신의 생각, 감정, 욕구, 의도를 표현하도록 돕는다.

② 핵심요소
  - 맥락적 이해
  - 반영
  - 공감
  - 고객의 표현 지원

③ 행동지표
  - 고객이 말한 것과 말하지 않은 것을 맥락적으로 헤아려 듣고 표현한다.
  - 눈 맞추기, 고개 끄덕이기, 동작 따라 하기, 어조 높낮이와 속도 맞추기, 추임새 등을 하면서 경청한다.
  - 고객의 말을 재진술, 요약하거나 직면하도록 돕는다.
  - 고객의 생각이나 감정을 이해하며, 이해한 것을 고객에게 표현한다.
  - 고객의 의도나 욕구를 이해하며, 이해한 것을 고객에게 표현한다.
  - 고객이 자신의 생각, 감정, 의도, 욕구를 표현하도록 돕는다.

■ 코치의 지속 성장을 위한 제언

- 고객의 이야기를 많이 듣는 실습이 가장 중요하다.

- 코칭 대화를 고객의 동의를 얻어 녹음하여 자신의 코칭 진행상황을 자주 들어본다. 클로바노트(http://clovernote.naver.com) 등을 활용하여 녹음한 내용을 글자로 변환한 후 코칭 노트로 다운로드가 가능하다. 엑셀(Excel) 형식의 다운로드를 권장한다.

- 다른 사람이 코칭하는 장면을 관찰자로서 참여하는 것이 도움이 된다.

- 고객의 욕구, 의도, 가치, 감정, 에너지 수준, 동기 등을 경청하는 훈련을 위하여 본 연구원의 ACPK 심화프로그램인 '러닝코칭'(ACPK01148)을 권장한다.

■ Wrap Up(활동 10분)

(1) 기억에 남는 것

(2) 재미있었던 것

(3) 의미 있었던 것

(4) 적용할 것

의식 확장

- 긍정, 중립, 개방적 질문을 하고, 침묵, 은유, 비유 등 다양한 기법과 도구를 활용할 수 있다.

- 고객의 말에서 의미 확장, 구체화, 명료화하도록 도울 수 있으며, 알아차림, 통찰, 관점 전환, 재구성을 도울 수 있다.

- 고객의 상황, 경험, 사고, 가치, 욕구, 신념, 정체성 등의 탐색을 통해 가능성 확대를 도울 수 있다.

M4. 의식 확장

1. 질문

1) 행동지표
  (1) 긍정적, 중립적 언어로 개방적 질문을 한다.
    - 질문이 의식 확장 모듈에서 가장 많이 활용되지만 관계 구축, 적극 경청, 의식 확장, 성장 지원 등 모든 코칭 영역에서 활용된다.
    - 코칭은 긍정심리학에 기초한 것으로 고객이 부정적인 내용을 표현하더라도 긍정적인 언어로 반응하며, 고객의 긍정적인 내용을 만날 때 거기에 접속하여 자연스럽게 미래로 향한다.
    - 편향적 질문은 유도질문이 될 수밖에 없다. 코치의 중립성은 고객이 자유롭게 탐험하도록 돕는 중요한 수단이다.
    - '예', '아니오'로 답변하도록 하는 폐쇄형 질문을 지양하고, 고객이 스스로의 생각이나 감정, 의도와 욕구를 신뢰롭고 안전한 환경 속에서 자유롭게 표현할 수 있도록 개방적인 질문을 한다.
    - 코치는 고객의 속도로 한 번에 하나씩 던지는 데 유의해야 한다. 몇 가지 질문을 하나로 묶어서 질문하는 것은 바람직하지 않다.

2) Good to Great
  (1) 개요
    - 고객의 강점을 찾아 Good에 기록한 후 목표를 위해 Great를 향해 한 차원 더 나아가도록 돕는 도구다. 코칭은 최상의 목표를 향해 성장할 수 있도록 돕는 것이므로 활용하기 좋은 질문 도구이다. Good에 기록한 개인의 강점이 Great로 나아갈 때는 공동체에서의 역할로 확장될 수 있다.

(2) 그룹에서의 활용방법

　　- 코치는 기자가 되어 고객을 인터뷰한다.

　　- 고객이 자신의 역할을 통해 공동체나 조직을 성공시킨 사례를 충분히 스토리
　　　텔링으로 이야기할 수 있게 한다.

　　- 동기부여한 성공요인들을 코치와 고객이 브레인스토밍으로 찾아본다.

　　- 고객의 강점인 그 요소들을 Good의 요소로 기록한다.

　　- 조직이나 공동체에서 함께 팀으로 목표를 세울 때 Good에 기록된 요소들 하나
　　　하나마다 더 위대한 모습으로 어떻게 확장할지 나눈다.

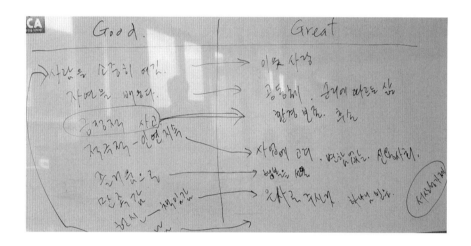

(3) 의식 확장을 위한 질문

- 오늘 호칭을 어떻게 불러드리면 편안하시겠어요?
- 오늘 어떤 주제로 이야기를 나누면 좋으실까요?
- 오늘 목표를 간단히 요약해 주시겠어요?
- 오늘 목표를 성취하기 위해 무엇을 다루는 것이 좋을까요??
- 지금까지 이야기하시면서 어떤 것을 좀 더 나누면 좋으시겠어요?
- 오늘의 이슈가 이루어져도 Good이지만 한 걸음 더 나아가 Great가 된다면 어떤 상태일까요?

3) 관계의 구성요소[16]

  (1) 개요

    - 공동체(Community)는 소통(Communication)을 전제로 하므로 무엇보다 관계
가 중요하다. 마틴 부버의 철학에 근거해서 '나'와 '너'라는 인격적인 관계인가,
'나'와 '그것'이라는 활용 측면에서의 관계인가를 정리할 수 있는 도구다.

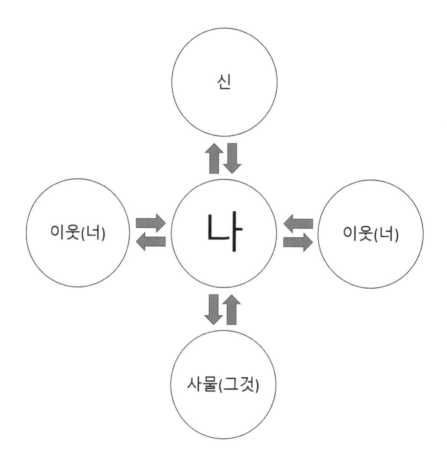

16) 마르틴 부버, 김천배 역, 『나와 너』, 대한기독교서회, 2020.

(2) 그룹에서의 활용방법

　- '나'를 중심에 두고 위로는 '신'과의 관계를 질문한다. 고객 자신이 믿는 신과의
　　대화는 에너지를 높인다.

　- 좌우 수평적으로는 '이웃(너)'과의 관계를 질문한다. 사람을 활용하는 관계가
　　아닌 협력하고 섬기는 관계의 가치를 떠올리며 성장의 기회로 나아가게 할 수
　　있다.

　- 아래로는 '사물(그것)'과의 관계를 질문한다. 사물은 활용에 중점을 두지만 때
　　로는 의인화해서 대화의 상대가 될 수 있다.

(3) 의식 확장을 위한 질문

　- 신은 고객님에게 뭐라고 이야기해주실 것 같아요?

　- 고객님은 그분과 어떻게 협력하고 섬길 수 있을까요?

　- 고객님의 목표를 위해 어떤 자원들을 활용할 수 있을까요?

　- 그 물건은 고객님에게 목표와 관련하여 뭐라고 조언해 주고 있나요?

　- 이 구도에서 생각해보니 무엇이 느껴지시나요?

실습7(50분)

- 두 사람씩 짝을 맺는다.
- 한 사람은 코치, 한 사람은 고객이 되어 20분간 코칭을 진행한다.
- 코칭 주제에 따라 Good to Great, 관계의 구성요소 중에서 협의하여 선택한 후 코칭한다.
- 부록에 있는 코칭 노트를 활용하여 한국코치협회 인증 기초과정인 [인성코칭]에서 소개된 HUMAN 모델인 라포형성(Hands), 목표설정(Underline), 가능성(Mapping), 실행계획 (Action Plan), 마무리(Nature) 순으로 대화를 진행하면서 긍정적, 중립적, 개방적 질문을 한다.
- Good to Great를 선택한 경우 고객의 긍정 에너지에 초점을 맞춘다. 고객이 긍정적인 내용을 피력할 때 한 걸음 더 나아가 위대함으로 가져갈 수 있도록 질문한다. 코칭은 지금보다 조금 더 나아지는 목표를 위한 것이 아니고 최상의 가치를 실현하는 것이기 때문이다.
- 관계의 구성요소를 선택한 경우 인간관계에 대한 주제로 코칭한다. 종교인들에게 있어서 신은 누구보다 강력한 에너지원이 되며 모든 사람과 만물은 대화의 상대가 될 수 있다.
- 역할을 바꾸어 20분간 진행한다.
- 서로 5분씩 코치로서, 고객으로서의 피드백을 나눈다.
- 코칭에서 이 도구를 어떻게 활용할 수 있을지 브레인스토밍한다.

2. 기법과 도구 활용

1) 행동지표

  (1) 고객의 상황과 특성에 따라 침묵, 은유, 비유 등 다양한 기법과 도구를 활용한다.

    - 코칭은 세상의 모든 도구를 가져다 활용할 수 있는 탁월한 융합의 힘을 가지고 있다. 또한 코칭은 어떤 분야와도 결합될 수 있는 현대 리더십의 탁월한 기법이다.

    - 침묵은 단순한 기다림이 아니라 코치의 자극이 고객의 반응으로 나타날 때까지의 스페이스를 제공한다. 그 안에서 고객은 자유로움과 안전감을 느낄 수 있다. 그러나 침묵이 길어져 고객의 부담감이 되지는 않도록 해야 하겠다. 침묵을 허용하는 시간은 고객에 따라 다를 수 있다.

    - 고객의 침묵만이 아니라 코치의 침묵도 필요하다. 다음 질문이 없이도 고객이 의식을 확장하고 연결할 수 있는 에너지를 얻을 공간이 된다.

    - NLP의 기법을 활용하여 미래를 상상하게 하는 장면에서 침묵을 많이 사용한다. 상상 속의 침묵이 진행되는 동안 고객의 상상의 세계 속에 코치가 같이 따라 들어가 함께 공감하고 탐험할 수 있다. "지금 어디 계시나요?", "누구와 이야기를 나누고 계신가요?", "분위기가 어떤가요?"

    - 그림이나 영상과 마찬가지로 은유와 비유는 무한히 의식의 확장을 일으킨다. "지금 고객님의 상황을 은유로 표현해 주시겠어요?", "제가 느끼는 것을 나눠도 괜찮을까요? 고객님은 모든 것이 저절로 이루어질 수 있는 시냇가에 심은 나무와 같은 느낌이 들었습니다. 어떠신가요?"

2) 임의단어법(Random Word)

(1) 개요

- 임의의 단어나 물건을 선택하여 관련된 아이디어를 모으고 그 아이디어들을 주제와 강제로 연결하는 방법이다.

(2) 그룹에서의 활용방법

- 고객의 주변에 눈에 띄는 물건을 선택하게 하거나 눈에 띄는 물건 대신 신문이나 잡지에 볼펜을 떨어뜨려 떨어진 위치의 단어를 선택할 수도 있다. 또한 아래와 같이 임의의 단어를 나열한 도표에서 주사위를 2회 던져 가로열 세로행에 해당하는 단어를 선택할 수도 있다.

- 선택한 단어를 중심에 기록한 후 가지를 뻗어나가면서 관련된 특징들을 약 20가지가 될 때까지 브레인스토밍한다.

- 임의의 단어 위에 실제 현장의 이슈를 기록한 후 임의의 단어에서 뻗어나간 내용들과 이슈를 연결하여 아이디어를 도출한다.

	1	2	3	4	5	6
1	자동차	책	나무	핸드폰	바다	군대
2	사진	도시	기계	게임	과학	미래
3	빛	사랑	열매	맛집	비행기	카메라
4	등산	과일	돈	집	이웃	편의점
5	드라마	수영	여행	스타	로봇	인기
6	선수	나이	여론	전기	병원	마켓

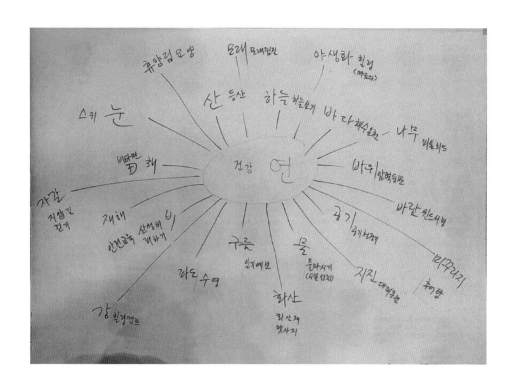

(3) 기법과 도구를 활용하는 대화

- 고객님 주변에서 눈에 들어오는 물건 하나를 말씀해 주시겠어요? 그 물건을 보면서 어떤 생각이 떠오르시나요?
- 그 물건을 보면서 오늘의 목표와 연결한다면 어떤 생각이 떠오르시나요?
- 그 물건이 고객님에게 뭐라고 이야기해주고 있나요?
- 현재의 상태를 은유로 표현해봤으면 하는데요. 가능하실까요? 어떤 은유가 떠오르시나요? 그 은유는 어떤 의미인가요?

3) 특성요인도(Fishbone Diagram)[17]

  (1) 개요

    - 가시만 남은 생선 모양의 특성요인도는 발라먹은 살을 탐색하거나, 반대로 빈
      공간에 채울 것을 모색하는 도구다.

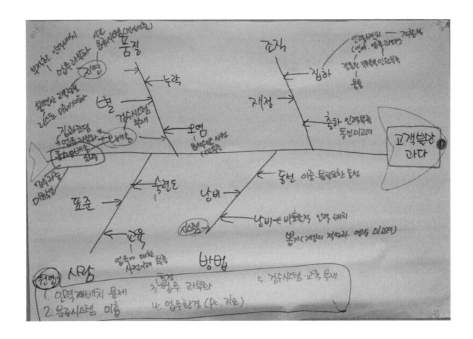

17)   일본의 품질 관리 통계학박사 카오루 이시카와가 발명한 것으로 이시카와 다이어그램(Ishikawa diagrams)이라고도 한다.

88   퍼실리테이티브 리더십 코칭

(2) 그룹에서의 활용방법

- 탐색할 문제를 기록할 생선 머리를 그린다.

- 생선 머리로 연결되는 중추와 4개 또는 6개의 가시를 그린다.

- 프로세스의 주요 원인이 되는 아래와 같은 범주를 정의한다.

① 4M : Method(방법), Machines(기계), Materials(재료), Man(사람)

② 4P : Places(유통), Procedures(과정), People(사람), Policies(정책)

③ 4S : Surroundings(환경), Suppliers(사람), Systems(시스템), Skills(기술)

- 각 범주에 해당하는 아이디어를 기록한다.

(3) 기법과 도구를 활용하는 대화

- 화살표와 비슷한 모양을 가진 이 생선뼈를 보시면서 오늘의 주제와 관련하여 몇 가지 범주를 정해주시겠어요?

- 첫 번째 범주에는 어떤 내용들이 담기면 좋을까요?

- 두 번째 범주에 대해서는 어떤 아이디어들이 떠오르시나요?

- 세 번째 범주에는 어떤 것들을 담아 보시겠어요?

- 지금까지의 생각들을 토대로 마지막 범주에는 무엇이 추가되어야 할까요?

- 여러 가지 생각들을 표현해 보셨는데 전체적으로 보실 때 어떤 생각이 떠오르시나요?

4) 육감만족도(Six Sense Side)

(1) 개요

   - 사람의 감각들을 나누어 생각을 확장하고 연결하는 도구로서 시각, 청각, 미각, 후각, 촉각, 육감으로 이루어진다. 신경회로프로그램(NLP)에서 표상체계를 시각(Visual), 청각(Auditory), 운동감각(Kinesthetic) 중심의 유형을 구분하고 있는 것처럼 사람에 따라 한두 감각을 강점으로 집중해야 할 때도 있지만 다양한 감각으로 확장할 때 활용하기 좋은 도구이다.

(2) 그룹에서의 활용방법

   - 일반적으로 오감이라고 하는 '시각', '청각', '미각', '후각', '촉각'을 하나하나 다루며 생각을 확장하고 연결한다.

   - 오감 이외의 감각으로 '육감', 또는 '영감'으로 표현할 수도 있고, 경우에 따라서는 개인이나 공동체의 '스토리'로 연결할 수도 있다.

   - 목표가 완성된 모습을 상상하게 하면서 그 장면 속에 따라 들어가 느끼고 있는 감각들을 질문할 수 있다.

(3) 기법과 도구를 활용하는 대화

- 어느 정도 기간을 통해 고객님의 목표가 이루어지길 원하시나요? 그럼 그 기간 이후로 미리 가보시겠어요? 눈을 감으셔도 좋고 그대로 상상하셔도 좋습니다. 지금 어디 계신가요? 고객님은 지금 무엇을 하고 계신가요? 누구와 어떤 이야기를 나누고 계신가요? 분위기는 어떤가요? 그 환경에서 어떤 소리가 들리시나요? 고객님의 내면에 어떤 변화를 일으켜서 그렇게 이루실 수 있었나요?

- 모든 것을 다 이루신 미래의 고객님은 지금의 고객님에게 어떤 이야기를 해주실까요?

- 어떤 영감이 떠오르시나요? 어떤 이야기들을 회상하고 있나요?

실습8(50분)

- 두 사람씩 짝을 맺는다.
- 코칭 주제에 따라 임의단어법, 특성요인도, 육감만족도 중에서 협의하여 선택한 후 코칭한다.
- 임의단어법을 선택한 경우 지금 앉아있는 고객의 주변에서 눈에 띄는 물건 등 은유에 초점을 맞춘다. "지금 고객님의 마음의 상태를 은유로 표현해 주시겠어요?", "고객님 주변에서 눈에 띄는 물건 하나를 말씀해 주시겠어요? 그 물건이 고객님에게 뭐라고 이야기해주고 있나요?"
- 특성요인도를 선택한 경우 고객의 상황, 경험, 사고, 가치, 욕구, 신념, 정체성 등에서 범주를 선택하여 활용한다. 고객과 합의한 목표로 다양한 카테고리를 활용하여 의식을 확장하는 질문을 한다.
- 육감만족도를 선택한 경우 미래 상상과 침묵에 초점을 맞추며 육감에 해당하는 카테고리의 질문으로 따라 들어간다.
- 역할을 바꾸어 20분간 진행한다.
- 서로 5분씩 코치로서, 고객으로서의 피드백을 나눈다.
- 기법과 도구를 활용하는 의식 확장에 대하여 브레인스토밍한다.

3. 의미 확장과 구체화

1) 행동지표
  (1) 고객의 말에서 의미를 확장하도록 돕는다.
    - 고객이 스스로 모든 답을 찾는다는 관점에서 코치의 가장 중요한 역할은 고객의 에너지를 올려주는 것과 의식 확장을 돕는 일이라고 할 수 있다. 고객의 주제와 목표는 추상화(Chunk up)에 속하는 그 의미를 찾을 때 고객의 열정을 불러일으킬 수 있다. 의미와 가치는 사람에 따라 다 다르지만 공통적인 것은 그 고객이 가장 중요하게 여기는 것을 말한다.
    - 고객이 의미 있다고 여기는 일에는 가장 시간을 많이 보내고, 하루 종일 일해도 지치지 않는다. 그 일에 대하여 지속적으로 생각하게 되고 자신의 공간도 그 의미와 관련된 것들로 채운다. 그 의미나 가치가 다른 사람들에게도 잘 알려지기도 한다.
  (2) 고객의 말을 구체화하거나 명료화하도록 돕는다.
    - 코칭은 한담이 아니고 정해진 시간 내에 초점을 맞춰서 진행하는 집적된 대화다. 목표가 명료해져야 한다. 따라서 "좀 더 구체적으로 말씀해 주시겠어요?", "좀 더 자세하게 묘사해 주시겠어요?" 등을 자주 질문할 필요가 있다. 그렇게 진행하다가 자연스럽게 목표가 명료화되는 것이 보이면 목표를 간략하게 정리해 달라고 요청한다.
    - 목표 설정 이후에도 이 질문은 자주 사용하는 것이 좋다. 고객이 자세하고 충분하게 이야기하는 동안 자연스럽게 의식의 확장이 일어난다.

2) 인과관계도(Causal Relationship)

  (1) 개요

    - 일차적으로 발산한 6~8개의 아이디어를 중심으로 원인과 결과를 찾아보며 시각화하는 도구다.

  (2) 그룹에서의 활용방법

    - 데이터와 데이터 사이의 인과관계(Causal Relation)를 화살표로 연결한다.

    - 중복해서 연결할 수 있으며 위에 쓰거나 아래 쓰거나 위치와는 무관하며 화살표의 방향에 따라 원인의 요소 또는 결과의 요소가 된다.

    - 화살표의 꼬리 방향은 원인이다. 필요한 것을 찾는다.

    - 화살표의 머리 방향은 예상되는 결과다.

    - 데이터 간에 순환 관계가 이루어지는 고리가 나타나면 그것이 해당 공동체의 주요 이슈가 된다.

    - 순환에는 선순환과 악순환이 있으며 악순환을 해결할 수 있는 지렛대를 찾는 일이 이어질 필요가 있다.

    - 선순환이면서 악순환인 경우도 있다. 선순환에 포함된 내용으로 인하여 다른 요소들을 보지 못하거나 매너리즘에 빠질 수 있기 때문이다.

(3) 의미 확장과 구체화를 위한 대화

- 구체적으로 말씀해 주시겠어요?
- 오늘의 목표를 간략하게 정리해 주시겠어요?
- 자원을 접착메모지에 기록하면서 데이터 간에 원인과 결과를 사진과 같이 화살표로 연결해 보시겠어요?
- 고객님의 가치관과 연결했을 때 말씀하신 것은 어떤 의미인가요?
- 이 계획이 이루어지면 어떤 결과가 예상되시나요?
- 순환되고 있는 고리의 어느 부분에 지렛대를 꽂으면 바람직할까요?
- 여기에 지렛대를 꽂았을 때 어떤 변화가 예상되시나요?

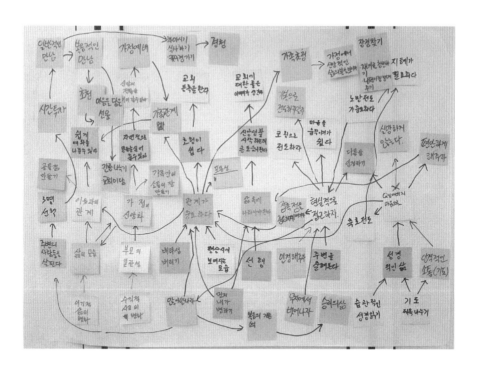

3) Logic Tree

  (1) 개요

    - MECE의 원칙에 따라 고객의 과제의 원인이나 해결책을 중복되지 않게(Mutually Exclusive), 누락되지 않게(Collectively Exhaustive) 시각화하여 정리하는 도구다.

  (2) 그룹에서의 활용방법

    - 다음 그림과 같이 단계적으로 Why로 질문하여 근본적인 원인을 정리한다.

    - 단계적으로 How로 질문하여 구체적인 해결책을 도출하고 연결선과 묶음선으로 정리한다.

    - 중복되는 것, 누락되는 것이 있는지 점검한다.

  (3) 의미 확장과 구체화를 위한 대화

    - 고객님의 과제가 발생하게 된 이유를 말씀해 주시겠어요?

    - 그것을 통해서 정말 원하시는 것이 있다면 무엇인가요?

    - 그 이유에 대한 더 깊은 의미가 있다면 무엇일까요?

    - 고객님의 과제를 해결하기 위해서는 어떤 통로들이 필요하실까요?

    - 각 통로들은 어떤 갈래로 나누어질까요?

    - 정리해 보시면서 고객님에게 무엇이 가장 중요하다고 느껴지시나요?

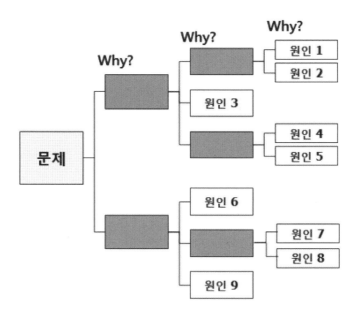

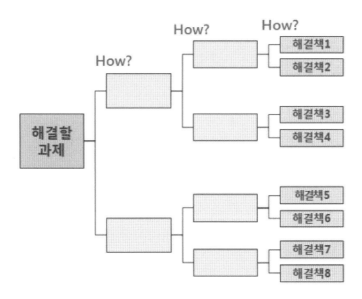

4) 로드맵(Road Map)

  (1) 개요

    - 공동체를 결성하거나, 또는 전략이나 실행방안, 그리고 비즈니스에 필요한 요구사항, 예산과 개발 및 구현 시간 등에 대하여 일목요연하게 시간 순으로 나열하여 시각화하는 도구다.

  (2) 그룹에서의 활용방법

    - 코칭 주제에 따라 용지에 연 단위, 월 단위, 주 단위, 일 단위 등 상황에 맞게 구획을 설정한다.

    - 실행방안이나 요구사항 등의 실행시간, 또는 시작 시간이나 마감 시간을 추가하여 기록한다.

    - 로드맵에 해당하지 않는 의견은 주차장에 기록한다.

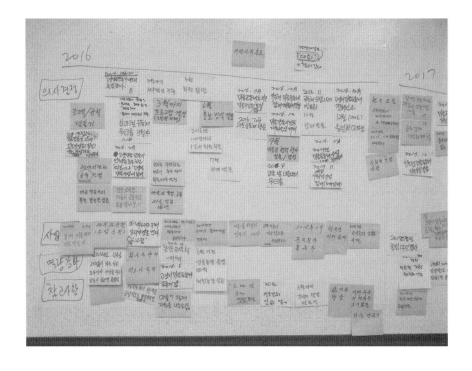

(3) 의미 확장과 구체화를 위한 대화

　　- 고객님의 계획을 단계적으로 적어보시겠어요? 적으실 때는 그 계획이 실행될
　　　시기까지 적어주시면 좋겠습니다.

　　- 로드맵을 작성해 보시니 전체적인 시각에서 무엇이 보이시나요?

　　- 하나하나의 단계를 구체적으로 묘사해 주시겠어요?

실습9(50분)

- 두 사람씩 짝을 맺는다.
- 한 사람은 코치, 한 사람은 고객이 되어 20분간 코칭을 진행한다.
- 고객의 이슈에 따라 인과관계도, Logic Tree, 로드맵 중에서 협의하여 선택한 후 시각화하
  여 정리한다.
- 의미 확장, 추상화(Chunk Up)와 구체화(Chunk Down)에 초점을 맞춘다.
- 역할을 바꾸어 20분간 진행한다.
- 서로 5분씩 코치로서, 고객으로서의 피드백을 나눈다.
- 의미 확장과 구체화에 대하여 브레인스토밍한다.

4. 통찰

1) 행동지표

(1) 고객이 알아차림이나 통찰을 하도록 돕는다.

- 고객이 정말 원하는 것은 내면 깊이 숨겨져 있다. 코칭대화를 통해 고객이 스스로 알아차린 것이나 통찰이 일어난 것을 근거로 실행계획을 세워 성장을 위해 앞으로 나아가게 된다.

- 코치의 질문, 침묵, 은유, 비유 등 다양한 기법과 도구를 통해 표현하게 함으로 알아차림을 불러일으킨다. 한 걸음 더 나아가 알아차림과 통찰을 불러일으키기 위해서는 도전이 필요하다. 고객의 목표나 원하는 삶에 도움이 되지 않는 비합리적인 신념이나 제한적인 가정, 또는 부정적 정체성에 도전할 필요가 있다.

- "그런 고객님의 생각이 오늘의 목표를 이루는 데 얼마나 도움이 되는 생각일까요?"

2) 통합비전[18]

  (1) 개요

    - 의식연구 분야의 아인슈타인으로 평가받는 통합심리학의 대표학자 켄 윌버가
제시한 4가지 측면에서의 비전으로 의료, 비즈니스, 생태, 영성 등의 분야에서
적용하였다. 통합적인 비전을 갖지 않으면 이상주의, 포스트모더니즘, 과학주
의, 시스템 이론에 치우치기 쉽다고 한다.

	내면		
개인	나 (심리적 이상)	우리 (문화적 가치관)	집단
	그것 (과학적 패러다임)	그것들 (사회적 시스템)	
	외면		

---

18)   Ken Wilber, 정창영 역, 『켄 윌버의 통합비전』, 김영사, 2014.

(2) 그룹에서의 활용방법

- 4가지 비전은 나, 우리, 그것, 그것들로 구성된다.
- 개인과 집단, 내면과 외면을 결합하여 4가지 영역으로 나누어진다.
- '나'는 개인의 내면으로 심리적인 이상에 대한 질문이다.
- '우리'는 집단의 내면으로 문화적인 관점과 가치관에 대한 질문이다.
- '그것'은 개인의 외면으로 과학적 패러다임에 대한 질문이다.
- '그것들'은 집단의 외면으로 사회적 시스템 차원, 즉 정치/경제적 체계에 대한 질문이다.

(3) 통찰을 위한 대화

- 고객님의 목표는 어떤 비전에서 비롯된 것인가요?
- 고객님의 문화적인 관점이나 가치관은 목표와 어떻게 연결될까요?
- 고객님의 어떤 패러다임이 이 목표와 정렬될 수 있을까요?
- 고객님의 목표는 어떤 사회적 시스템과 연장선상에 있다고 할까요?
- 고객님의 비전에 드러난 핵심가치가 조직(공동체)에 퍼지면 어떤 반응이 일어날까요?
- 이런 말씀을 나누고 나니 어떤 통찰이 일어나시나요?

3) 이해관계도

  (1) 개요

     - 가족공동체, 직장공동체, 사업공동체, 주거공동체, 경제공동체, 마을공동체, 종
      교공동체 등 다양한 공동체와 조직 안에서 함께하는 사람들 사이의 심리적 거
      리를 시각화하여 통찰과 성찰을 불러일으키는 도구다.

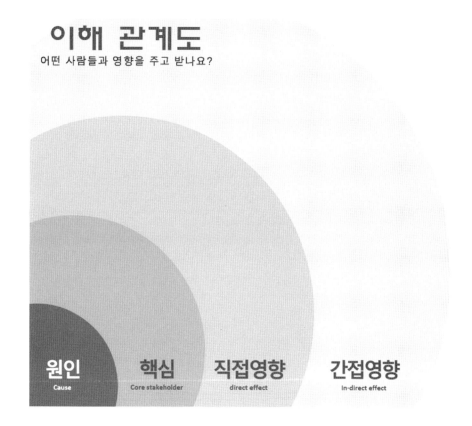

(2) 그룹에서의 활용방법
　　- 라이프 코칭뿐 아니라 리더십 코칭, 비즈니스 코칭, 커리어 코칭에서도 인간관
　　　계에 대한 이슈가 많다. 인간관계를 대화로만 풀어가는 것보다 시각화하는 것
　　　이 시스템적으로 통찰과 성찰을 불러일으키기에 유용하다.
　　- 그림과 같이 밑그림을 그려놓고 핵심 부분에 고객 자신을 기록하고 공동체 내
　　　에서 이해관계자들을 떠올리며 심리적 거리를 느끼는 것만큼의 위치와 방향을
　　　설정하여 해당 위치에 기록한다.
　　- 이해관계자들은 닉네임으로 표기한다.
　　- 이해관계자들과의 관계에서 에너지가 떨어지거나 성과에 방해가 된다고 생각
　　　되는 사람들, 에너지가 올라가고 성과에 도움이 된다고 생각되는 사람들과의
　　　심리적 거리로 시각화되어 코칭대화를 돕는다.
(3) 통찰을 위한 대화
　　- 이 도표 안에 고객님께서 말씀하신 주제의 배경이 되는 공동체 안에서 이해관
　　　계자들을 닉네임으로 쓰시고 심리적 거리를 표시해 주시겠어요?
　　- 긍정적인 영향을 주고받는 관계에는 플러스기호(+)를, 부정적인 영향을 주고
　　　받는 관계에는 마이너스기호(-)를 닉네임 옆에 붙여주세요.
　　- 전체를 한눈으로 보시니 어떤 통찰이 일어나시나요?
　　- 어떻게 협력을 위해 다가갈 수 있을까요?

4) 공동체의 운영요소[19]

   (1) 개요
     - Why, What, How로 구성되며, 각각의 하위요소들도 Why, What, How로 구성
       된다. 육하원칙(5W1H) 중에서 3가지를 활용하여 보이지 않는 가치나 자원, 행
       동방식 등을 시각화하는 도구다.

   (2) 그룹에서의 활용방법
     - 문화(Why)의 하위요소는 정체성(Why), 지식(What), 행동(How)이다.
     - 경제(What)의 하위요소는 기여(Why), 자산(What), 운영(How)이다.
     - 정치(How)의 하위요소는 책임(Why), 통제(What), 결정(How)이다.
     - 세 요소를 소그룹별로 나누어 월드 카페 형식으로 진행해도 좋다.

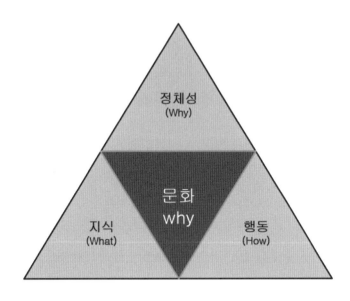

___
19) ICA의 Social Process Triangle에서 참조한 것이다.

(3) 통찰을 위한 대화
  - 고객님께서 속한 공동체가 추구하는 문화적인 가치 중에서 정체성, 지식, 행동에 해당하는 떠오르는 단어 몇 가지 공유해 주시겠어요?
  - 경제적인 가치 중에서 기여, 자산, 운영에 해당하는 것에는 어떤 것들이 있을까요?
  - 정치적인 가치 중에서 책임, 통제, 결정에 해당하는 것에는 어떤 것들이 떠오르시나요?
  - 가장 많은 관심이 있는 영역의 이슈를 요약해 주시겠어요?
  - 이 과정을 함께 나누시면서 배움이 일어난 것이나 알아차리신 것이 있으면 말씀해 주시겠어요?

실습10(50분)

- 두 사람씩 짝을 맺는다.
- 한 사람은 코치, 한 사람은 고객이 되어 20분간 코칭을 진행한다.
- 코칭 중에 나온 생각들을 통합비전, 이해관계도, 공동체의 운영요소 중에서 협의하여 선택
  한 후 시각화하여 정리한다.
- 통합비전을 선택한 경우, 개인의 내면인 심리적 이상을 넘어 개인의 외면, 집단의 내면, 집
  단의 외면을 모두 질문하며 알아차림을 불러일으킨다.
- 이해관계도를 선택한 경우, 이해관계자들과의 심리적 거리를 통해 통찰을 불러일으킨다.
- 공동체의 운영요소를 선택한 경우, 문화/경제/정치(방법론) 등의 가치에서의 알아차림을
  불러일으킨다.
- 이 작업을 통해 고객이 알아차린 것이나 통찰한 것을 질문한다.
- 역할을 바꾸어 20분간 진행한다.
- 서로 5분씩 코치로서, 고객으로서의 피드백을 나눈다.
- 통찰과 알아차림을 불러일으키는 데 대해서 브레인스토밍한다.

5. 관점 전환과 재구성

1) 행동지표

    (1) 고객이 관점을 전환하거나 재구성하도록 돕는다.

- KAC 심사항목에 포함되어 있지 않고, KPC 심사항목에 포함되어 있다. KAC 심사기준이 코칭 프로세스를 알고 있는가에 평가기준을 둔다면 KPC 심사기준은 비용을 지불하고 찾아올 수 있는 전문가 수준이 되도록 하는 데 있다. 전문코치는 현재 생각이나 느낌을 넘어 상황에 대한 관점이나 고객 자신에 대한 관점이 새롭거나 확장된 방식으로 탐색할 수 있도록 지원해야 한다.
- 고객이 지금까지 붙잡고 있던 프레임이 고객의 성장에 도움이 되지 않는다면 조정할 필요가 있다. 기존의 프레임을 내려놓고 새로운 프레임으로 세상을 바라본다면 결과가 많이 달라지게 된다. 한꺼번에 관점을 전환하라고 하는 것보다 비울 것을 먼저 비우고 새로 채울 것을 헤아려보면 자연스럽게 프레임이 달라질 수 있다.
- 고객의 경험, 사건, 상황, 자신의 세계를 어떻게 인식하고 있는지를 탐구하여 새로운 관점을 가질 수 있도록 돕는 것이다.
- 몰트만[20]은 "놀람과 당황을 통해 배움이 일어난다"고 주장한다. 익숙한 프레임 안에서는 놀람과 당황을 경험할 수 없다. 고객이 자신의 프레임 안에서 맴돌 때 코치는 도전을 줄 수 있는 용기가 필요하다. 배움과 알아차림이 일어나면 이를 바탕으로 행동설계를 거쳐 변화와 성장을 지원할 수 있다.

---

20)   위르겐 몰트만, 『과학과 지혜』, 대한기독교서회, 2003.

2) ERRC[21]

  (1) 개요

    - 퍼실리테이션에서 많이 활용되고 있는 도구 중 하나로 제품이나 서비스를 개선하기 위한 아이디어를 취합하는 질문이나 카테고리로 구성되어 있다. 먼저 비워야 새로 채울 수 있는 공간이 마련되기 때문에 제거(Eliminate), 감소(Reduce), 증가(Raise), 창조(Create) 순으로 진행하도록 설계되어 있다.

  (2) 그룹에서의 활용방법

    - 고객의 핵심가치를 먼저 질문한다.

    - 고객의 자원이나 방안 중에서 제거해야 할 것, 줄여야 할 것, 늘려야 할 것, 창조해야 할 것 등을 질문한다.

    - 제거부터 진행하는 순서에 주의한다. Agile Lean에서는 제거하고 줄이는 것에 초점을 맞추는 것을 가장 중요하게 여긴다. 패스트푸드 회사의 경우를 예로 든다면 매장에서 조리를 해서 고객에게 전달하는 시간을 30초 이내로 동선을 조정하거나, 홀 서빙을 제거하여 고객의 회전율을 높여 공간의 효율성을 높이는 방법으로 성장을 도왔다.

    - 코칭은 실행계획을 지속하게 하는 것도 중요하지만 낭비 요소를 줄임으로 실행의 효과성을 점검하는 것도 필요하다. 도요타 등의 기업이 활용하여 성과를 낸 애자일 린(Agile Lean)에서는 낭비 요소를 결함, 과잉생산, 대기시간, 참여하지 않는 직원, 운송, 재고, 이동, 추가 처리 등을 꼽는다. 피터 드러커는 이를 시간관리 이슈에 적용한다.[22]

---

21) 김위찬, 르네 마보안, 『블루오션 전략』, 교보문고, 2005.
22) 피터 드러커, 『피터 드러커의 자기경영노트』, 한국경제신문사, 2003.

(3) 관점 전환과 재구성을 위한 대화

- 고객님이 지향하시는 핵심가치는 어떤 것들이 있을까요? 그 가치에 비추어보실 때 새로운 어떤 시각으로 바라보실 수 있으실까요?
- 고객님께서 나열하신 자원 중에 효율성을 위해서 제거해야 할 요소가 있다면 무엇일까요?
- 고객님의 노력 중에 줄여도 될 만한 것이 있다면 무엇일까요?
- 고객님께서 지금도 하고 있지만, 비중을 더 늘려야 할 것이 있다면 무엇일까요?
- 고객님께서 이미 가지고 계신 것 외에 전혀 새롭게 가져야 할 마음가짐이 있다면 어떤 것들이 필요할까요?
- 이 상황에서 어떤 것이 더해지면 실행력이 높아질까요?
- 어떤 부분이 생략되면 실천이 빨라질까요?

3) SCAMPER[23]

  (1) 개요

    - 제품이나 서비스를 개선하기 위해 자주 활용되는 도구다. 7가지 요소로 구성되어 있으나 '수정'안에 포함된 '확대'와 '축소', '재배치'와 함께 제시된 '반대 방향'을 따로 떼어놓으면 10가지 정도의 요소가 된다.

  (2) 그룹에서의 활용방법

    - Substitute(대체), Combine(결합), Adapt(적용), Modify/Magnify/Minify(수정/확대/축소), Put to other use(용도변경), Eliminate(제거), Rearrange/Reverse(재배치/반대 방향) 7가지 구성요소로 이루어진다.

    - Substitute(대체)는 원리, 에너지, 재료, 색깔 등을 바꿔보는 것이다.

    - Combine(결합)은 서로 다른 아이디어나 물건 등을 결합해보는 것이다.

    - Adapt(적용)는 비슷한 것, 흉내 낼 수 있는 것을 찾는 것이다.

    - Modify(수정)는 색깔, 소리, 냄새, 형태, 의미 등을 바꾸거나, Magnify(확대) 및 Minify(축소)해보는 것이다.

    - Put to other use(용도변경)는 다른 용도로 사용될 가능성을 찾는다.

    - Eliminate(제거)는 없어도 괜찮은 서비스나 낭비 요소를 찾는 것이다.

    - Rearrange(재배치)나 Reverse(반대 방향)는 원인과 결과, 또는 위치를 바꾸어 생각하거나 순서를 뒤집어보는 것이다.

---

23) 알렉스 오스본의 리스트를 에이벌이 약자로 재구성한 도구로 '달린다'는 뜻을 갖고 있다.

(3) 관점 전환과 재구성을 위한 대화

- 고객님의 그 생각을 다른 재료로 바꿔볼 수 있을까요?
- 고객님께서 말씀하신 내용에 무엇을 결합하면 더욱 효과적인 결과를 가져올 수 있을까요?
- 고객님께서 말씀하신 것을 어떻게 적용하면 좋을까요?
- 고객님의 생각을 좀 더 확대해 볼 수 있을까요?
- 고객님의 생각을 다른 용도로 바꿔보신다면 어떤 결과가 나올까요?
- 고객님의 계획 중에서 선택과 집중을 위해 하지 않아도 생각해보지 않아도 될 것은 무엇일까요?
- 충분히 노력은 하고 있지만 그럼에도 변화가 필요한 것은 무엇인가요?
- 말씀하신 것을 순서를 재배치해 본다면 어떻게 나눠주실 수 있을까요?

4) 만다라트[24]

(1) 개요

- Mandalart는 Manda+La(목표달성) Art(기술)를 합한 것으로 '목표를 달성하는 기술'이라는 뜻을 가진 도구다. 큰 목표를 8개의 작은 목표로 먼저 나누고 작은 목표 각각에 해당하는 실행계획을 8가지씩 세운다.

자체노력으로 가능한 방법	캠프 참여 (지원금)	예산 짜기	리플렛 제작	블로그	홈페이지 만들기	자신이 속한 지역 협의회 참석	협동조합 협의회 참석	찾아가는 무료 강의
기존 수첩 스티커 사용	홍보비용	강사비에서 각자 지출	재교육 위한 메일/문자발송	홍보방법	단체장 초빙 식사	혁신파크 내 몇 그룹 만나기	인적홍보	영역 나누기 (회의/직접/ 혁신 등)
지원 사업 따내기	인맥 활용 스폰서구하기	저비용 홍보방안 구체적 논의	명함 활용	지역 케이블 방송	페이스북 활용	모임/회의에 적극 참여	인맥 활용	개인 인프라 활용(교회/ 동아리/밴드)
코칭	숙련된 전문성	많은 강사 경험	홍보비용	홍보방법	인적홍보	팀 조직 (팀장 선출)	적성검사 (홍보역량)	2인 1조로 연구하기
갈등해결교육	강점 찾기	좋은 인성과 협동심	강점 찾기	홍보방안	홍보팀 만들기	홍보인식 나눔	홍보팀 만들기	모든 사람이 참여
소통교육	좋은 강사로 끊임없는 노력과 공부	참여형 수업	구체적인 프로그램	홍보대상 명확화	이미지 메이킹	홍보팀에 주는 특혜	상반기 하반기	사다리
학부모 교육	학교폭력 예방교육	소통과 협력	자활센터	다문화 가정	초등학교 지역아동센터 학부모	활동중 행복 연습	관계능력 향상	함께 하며 시너지 효과 얻기
진로교육	구체적인 프로그램	갈등해결 대화법	학교 전환기	홍보대상 명확화	사회적 기업가 육성팀	상호작용으로 정서적 안정	이미지 메이킹	사회공헌 나눔
중년부부 정서중심	프로세스 코칭	내 생애 최고의 해	교회 예비 신혼부부	관공서	50+ 센터	가르치지 않고 스스로 배운다	3H 마케팅 (Harmony/ Half/Happy)	양성 평등

---

24) 일본의 디자이너 이마이즈미 히로아키가 개발한 발상 도구다. '목적을 달성한다(manda+la)'와 '기술(art)'을 합친 것이다.

(2) 그룹에서의 활용방법

    - 가로, 세로 3칸씩을 한 그룹으로 하여 9그룹으로 구분된다.

    - 정 가운데 있는 목표를 두른 8칸은 카테고리를 적어넣는다.

    - 8개의 카테고리를 각각의 그룹의 중앙에 옮겨 적는다.

    - 각각의 카테고리와 관련한 관점들을 8개씩 기록한다.

(3) 관점 전환과 재구성을 위한 대화

    - 고객님이 가진 자원들을 생각나시는 대로 이 표에 적어보시겠어요?

    - 지금 기록하신 것을 카테고리로 하여 좀 더 세부적인 관점들을 찾아보시겠어요?

    - 다음 세션까지 고객님께서 해내신 성과들을 8가지 카테고리로 체계화해서 채워오시겠어요?

실습11(50분)

- 두 사람씩 짝을 맺는다.
- 한 사람은 코치가 되고 한 사람은 고객이 되어 20분간 코칭을 진행한다.
- 코칭 주제에 따라 ERRC, SCAMPER, 만다라트 중에서 협의하여 선택한 후 코칭한다.
- ERRC나 SCAMPER를 선택할 때는 재구성에 초점을 맞춘다.
- 만다라트를 선택할 때는 새로운 관점으로 카테고리를 정하고 진행한다.
- 역할을 바꾸어 20분간 진행한다.
- 서로 5분씩 코치로서, 고객으로서의 피드백을 나눈다.
- 관점 전환과 재구성에 관하여 브레인스토밍한다.

---

6. 가능성 확대

1) 행동지표
   (1) 고객의 상황, 경험, 사고, 가치, 욕구, 신념, 정체성 등의 탐색을 통해 가능성 확대를 돕는다.

- 코칭은 약간의 성과를 높이는 데 초점을 맞추는 것이 아니라 최고의 가치를 이루기 위한 것이다. 로버트 하그로브[25]가 소개한 것처럼 정신모델을 변혁하는 것이다. 고객이 기존의 생각 속에서 맴돌 때 고객에게서 스스로 학습이 일어나도록 행동에서 전략으로, 전략에서 존재로 큰 그림을 그리게 하면서 가능성 확대를 돕는다. KPC 이상에서는 존재와 호기심을 반드시 다루어야 한다.
- 고객의 상황과 경험을 토대로 가능성을 확대할 수 있으나, 더 큰 가능성은 고객의 사고방식이나 추구하는 가치라는 깊은 곳으로부터의 욕구가 있다. 특히 비합리적인 신념이나 부정적 정체성이 작동하여 코칭 목표 달성에 도움이 되지 않는다고 판단될 때 질문을 통해 막혀있는 가능성을 열어주어야 한다.
- 고객이 자신의 상황이나 감정, 환경에 갇혀서 힘들어할 때 그것을 뛰어넘어 고객 자신이 원하는 방향으로 나아갈 수 있도록 큰 그림을 그리는 질문으로 도와야 한다.
- 가능성 확대는 모든 코치에게 중요한 역량이지만 KSC 심사항목에만 포함되어 있는 것은 수퍼비전을 진행할 때 수퍼바이지 코치나 그의 고객의 상황, 경험, 사고방식, 가치, 욕구, 정체성, 존재 등 입체적으로 다양한 영역의 가능성을 확대하여 지원해야 하기 때문이다.

---

25) 로버트 하그로브, 김재우 외 공역, 『마스터풀 코칭』, 쌤앤파커스, 2015.

2) 마인드맵(Mind Map)[26]

(1) 개요

- 창의력과 아이디어를 극대화하는 도구로 주제를 중심으로 생각을 가지치기하며 시각화하는 도구다.

(2) 그룹에서의 활용방법

- 생각의 가지가 단계를 오르내리고 자유롭게 이동하면서 새로운 조합을 만들어낸다.
- 개인적으로는 노트를 정리할 때는 Mind Meister, Think Wise, 알마인드, Knowledge Base Builder 등 웹이나 컴퓨터 프로그램에서 많이 활용된다.
- 전지를 활용할 때는 컬러 펜으로 그리는 것이 살아있는 듯 아름답고 효과적이지만 자유로운 조합을 위해 생각의 위치를 이동하려면 접착메모지와의 혼용이 필요할 수도 있다.
- 프로젝트 기획이나 워크숍의 결과물을 정리할 때도 유용하다.
- 이동이 필요한 Make와 이동이 불필요한 Take 두 가지 용도가 있다.

---

26)   영국의 전직 언론인 토니 부잔이 주장한 이론이다.

(3) 가능성 확대를 위한 대화

- 중앙에 고객님의 목표를 기록하고 다음의 7가지(상황, 경험, 사고, 가치, 욕구, 신념, 정체성)를 하위 카테고리로 적어주시겠어요?
- 그 카테고리들에 비추어 어떤 가능성들이 있는지 몇 가지씩 천천히 기록해 주시겠어요?
- 기록하신 것을 바라보면서 잠깐 제가 느낀 점이 있었는데요, 나누어도 될까요? 저는 이런 느낌이 들었는데요. 어떠신가요?
- 이렇게 정리해보시니까 궁극적으로 고객님은 어떤 존재가 되고 싶으신가요? 그러면 그때 기분은 어떠실까요?
- 오늘의 이슈는 고객님의 어떤 가치와 연결될 수 있나요?
- 오늘의 이슈가 해결된다면 고객님의 어떤 니즈(needs)를 충족시켜 주는 것인가요?
- 오늘의 이슈는 고객님의 어떤 신념에 바탕을 두고 있나요?
- 이런 이슈에 집중하시는 고객님은 어떤 분이신가요?

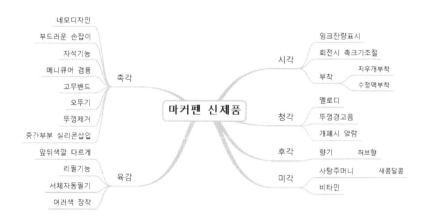

3) 비즈니스모델캔버스

(1) 개요

- 비즈니스모델캔버스[27]를 사용하여 전문코치로서 비즈니스를 어떻게 만들지 계획한다. 비즈니스모델캔버스는 고객, 고객 관리, 유통 채널, 고객 가치 제안, 핵심 활동, 핵심 자원, 파트너, 수익원, 비용 구조 등 9개의 블록으로 구성된 모델이다.

파트너	핵심 활동	고객가치제안	고객관리	고객
	핵심 자원		유통 채널	
비용 구조			수익원	

(2) 그룹에서의 활용방법

- 위 양식의 항목을 A4 용지 9장에 적어 위 그림과 같이 바닥에 배열한다.
- 심호흡을 하고 몸의 반응에 집중한 후, A4 용지 9장 위에 느낌이 드는 순서대로 선다.
- 코치는 고객에게 서 있던 항목에서 느낀 감각에 대해 질문한다.
- 코치는 인쇄된 용지에 고객의 답변을 정리한다.

---

27) 이 프레임워크는 Alexander Osterwalder와 Yves Pigneur의 저서 『비즈니스모델의 탄생』에서 발전한 것으로 조직의 가치 중심 비즈니스를 논리적으로 정의한다.

(3) 가능성 확대를 위한 대화

- 고객님에게 가장 중요한 고객은 누구인가요?
- 고객관리는 어떤 관계를 형성하고 유지하기를 원하시나요?
- 고객은 어떤 채널을 통해 전달되기를 원하시나요?
- 어떤 가치를 전달하기를 원하시나요?
- 고객에게 가치를 전달하기 위해 어떤 활동이 필요한가요?
- 고객과 소통하기 위해 필요한 핵심 자원은 무엇인가요?
- 주요 활동 또는 유통 채널을 위해 협력할 주요 파트너는 누구인가요?
- 고객이 어떤 가치라면 기꺼이 지불할 의향이 있을까요?
- 핵심 자원을 확보하고 핵심 활동을 수행하는 데 가장 비용이 많이 드는 방법은 무엇일까요?

실습12(50분)

- 두 사람씩 짝을 맺는다.
- 한 사람은 코치, 한 사람은 고객이 되어 20분간 코칭을 진행한다.
- 고객의 이슈에 따라 마인드맵과 비즈니스모델캔버스 중에서 합의하여 코칭을 진행하되 7가지 가능성 탐색을 확대하는 데 초점을 맞춘다.
- 역할을 바꾸어 20분간 진행한다.
- 서로 5분씩 코치로서, 고객으로서의 피드백을 나눈다.
- 코칭에서 이 도구를 어떻게 활용할 수 있을지 브레인스토밍한다.
- 피어코칭을 통해 다음 시간까지 전문코치로서의 모델링을 과제로 제출해야 이 과정을 수료할 수 있다.

■ 의식 확장(역량 7)

① 정의 : 질문, 기법 및 도구를 활용하여 고객의 의미 확장과 구체화, 통찰, 관점 전환
과 재구성, 가능성 확대를 돕는다.

② 핵심요소
  - 질문
  - 기법과 도구 활용
  - 의미 확장과 구체화
  - 통찰
  - 관점 전환과 재구성
  - 가능성 확대

③ 행동지표
  - 긍정적, 중립적 언어로 개방적 질문을 한다.
  - 고객의 상황과 특성에 따라 침묵, 은유, 비유 등 다양한 기법과 도구를 활용한다.
  - 고객의 말에서 의미를 확장하도록 돕는다.
  - 고객의 말을 구체화하거나 명료화하도록 돕는다.
  - 고객이 알아차림이나 통찰을 하도록 돕는다.
  - 고객이 관점을 전환하거나 재구성하도록 돕는다.
  - 고객의 상황, 경험, 사고, 가치, 욕구, 신념, 정체성 등의 탐색을 통해 가능성 확대
    를 돕는다.

■ 코치의 지속 성장을 위한 제언

- 의식 확장은 다른 말로 알아차림이다. 코칭 세션에서 에고가 올라오는 것을 알아차리는 것이야말로 날마다 순간마다 반복하면서 훈련하는 것이 필요하다. 알아차리는 것만으로도 무한 성장한다. 코치로서의 성장은 J라인 같아서 변화되는 것이 잘 느껴지지 않지만 시간이 지나 임계점에 다다르면 어느덧 훌쩍 성장해 있음을 발견하게 된다.
- 코칭 핵심 역량을 휴대하여 늘 묵상하는 습관을 가져보자.
- 코치는 자신의 성장을 위하여 셀프코칭을 자주 갖고, 상위 멘토코치로부터 수퍼비전도 받을 필요가 있다.
- 자격시험을 위해 30분(KPC), 40분(KSC) 코칭도 훈련해야 하지만 전문 직업인으로서 60분, 90분, 120분 정도의 다양한 훈련도 필요하다.
- 퍼실리테이티브 리더십 코칭에서는 조직이나 공동체 현장에서의 시스템 사고에 기반한 리더십을 이해하는 데도 힘써야 한다.
- KPC 이상의 전문 코치가 되고 한국코치협회의 정회원 자격을 유지하면 인증 프로그램의 FT강사도 할 수 있고, 프로그램을 개발하여 인증을 받을 수도 있다. 충분한 훈련 시간이 누적되면 자신의 달란트에 따라서 자격 심사위원이나 프로그램 심사위원도 가능하다.

■ Wrap Up(활동 10분)

(1) 기억에 남는 것

(2) 재미있었던 것

(3) 의미 있었던 것

(4) 적용할 것

성장 지원

- 고객의 학습과 통찰을 가치관이나 정체성과 통합하도록 지원할 수 있다.

- 고객의 행동설계와 실행을 자율적이고 주도적으로 하도록 고취할 수 있으며 후원환경을 지원할 수 있다.

- 고객이 실행한 결과를 성찰하도록 돕고, 차기실행에 반영하도록 지원하며 변화와 성장을 축하할 수 있다.

M5. 성장 지원

1. 정체성과 통합 지원

1) 행동지표
  (1) 고객의 학습과 통찰을 자신의 가치관 및 정체성과 통합하도록 지원한다.
   - KAC 심사항목에 포함되어 있지 않고, KPC 심사항목에 포함되어 있다. 고객이 말하는 보이는 이슈에만 집중하다 보면 고객의 성장을 지원하는 코칭이 아니라 해당 이슈 중심의 문제해결에 국한될 수 있다. 전문코치는 문제를 넘어 고객의 존재에 집중해야 한다.
   - 이 과정은 심화과정이어서 서너 가지의 역량을 집중하여 훈련한다. 여기서 다루지 않은 역량인 관계 구축 역량 중에 KAC 심사항목에 포함되어 있지 않고, KPC 심사항목에만 포함되는 요소에 존재에 대한 관심과 '호기심'이 있는데 관계 구축 단계에서 언급된 존재가 성장 지원 단계를 들어가면서 통합되어야 한다.
   - 코칭세션을 통해 고객이 스스로 배운 것, 통찰한 것, 알아차린 것은 행동으로 연결되어야 하고, 자신의 존재를 새롭게 인식해야 한다. 코칭을 하는 동안 배운 것, 통찰한 것, 알아차린 것을 공유할 뿐 아니라 그 알아차림을 통해 자신을 알아차린 것, 즉 알아차림의 알아차림을 촉진하는 것이다.
   - 고객의 상황과 존재에 대한 알아차림을 묻는 것은 코칭 전반에 걸쳐 자주 다루어야 하지만, 특히 행동 설계에 들어가면서 반드시 질문하여 이를 토대로 한 행동 설계가 이루어지도록 하는 것이 바람직하다.
   - 고객이 코칭세션을 통해 알아차렸다고 할 때 코치가 "감사합니다"로 반응한다면 이는 코치가 코칭을 잘해서 이루어진 것이라고 받아들이는 것이므로 유의해야 한다. 고객 중심의 축하와 지지로 연결해야 한다.

2) 여섯색깔모자[28]

(1) 개요

- 고객의 주제에 대하여 모든 코치가 사실, 직관, 위험요인, 장점, 창의 순으로 질문하는 방법이다. 단계마다 색깔모자를 쓰고 진행한다. 색깔을 사용하는 것은 축제적인 성격과 상징적인 색깔을 질문내용의 성격과 대비하여 은유적으로 활용하는 것이다. 실행계획을 다이얼로그로 풀어갈 수 있다.

(2) 그룹에서의 활용방법

- 진행코치의 모자는 파란색이다.
- 축제적인 분위기를 위해 실제 모자를 쓰고 진행할 수도 있지만, 접착메모지나 색지 등을 테이블 중앙에 놓고 진행할 수도 있다.
- 사실을 질문할 때는 하얀 모자, 직관을 질문할 때는 빨간 모자, 위험요인을 질문할 때는 검은 모자, 장점을 질문할 때는 노란 모자, 창의적인 아이디어를 질문할 때는 초록 모자를 사용한다.

(3) 정체성과의 통합 지원을 위한 대화

- 오늘 코칭세션을 통해서 자신에 대해 새롭게 알아차린 강점이 있으면 나눠주시겠어요? 알아차린 것을 통해서 새롭게 무엇을 시도해보시겠어요?
- 고객님께서 이런 가치관을 가지고 사시는 것으로 말씀하셨는데 코칭을 통해서 학습하신 것은 그 가치관과는 어떻게 연결되시나요?
- 장애 요인에 대해서는 어떻게 극복하시겠어요?
- 알아차리신 자신에게 어떤 말씀을 해주시겠어요?

---

28) 에드워드 드 보노, 『여섯 색깔 모자』, HANEON.COM, 2001.

3) 친화도(Affinity Map)[29]

  (1) 개요

     - 이동이 가능한 접착메모지에 여러 생각들을 나열한 후 요약하고 수렴하기 위
      해 고객의 관점에서 비슷한 생각들끼리 군집을 만드는 도구다.

---

29)   Jiro Kawakita에 의해 고안되었고 그의 이름의 첫 글자를 따서 'KJ법'이라고도 한다.

(2) 그룹에서의 활용방법

- 벽이나 게시판 같은 평평한 공간에 넉넉한 용지를 부착하거나 펼친다.
- 상단에 각 그룹이 서로 다르다는 의미가 있도록 아이디어의 수에 따라 특수기호 6개 이상 10개 미만으로 그려 넣는다.
- 아이디어가 기록된 접착메모지들을 비슷한 내용끼리 군집을 만든다.
- 줄을 세워 정리할 수도 있고, 묶음 형태로 정리할 수도 있다.
- 다른 군집에 비해 너무 많으면 다시 두 군집 이상으로 나누게 한다.
- 주제와 관련하여 자연스러운 범주에 포함되기 어려운 아이디어를 위해 주차장(Parking Lot)을 마련한다.
- 분류가 끝나면 각 군집의 제목을 기록할 접착메모지에 테두리를 그려 넣도록 하고 군집별 제목을 문장으로 정리한다.
- 아이디어의 중복은 관심이 높다는 것을 의미한다.
- 수렴과정에서 끊임없이 주제를 상기시키는 것이 좋다.
- 별표(☆) 등 중요하다는 의미로 해석될 기호는 될 수 있는 대로 사용하지 않는 것이 좋다.
- 진로에 관한 여러 이야기를 나누고 비슷한 내용이나 반복적인 내용을 정리한 후에 각 그룹별로 요약한 제목으로 구체적인 직업이나 방향성을 기록할 수 있다.

(3) 정체성과의 통합 지원을 위한 대화

- 오늘 고객님께서 여러 가지의 다양한 생각을 나눠주셨는데 비슷한 내용끼리
  군집을 만들어보시겠어요? 용지 위에 있는 도형들은 서로 다르다는 의미로 편
  의를 위한 것입니다.
- 너무 많은 군집을 작게 나눈다면 어떻게 다시 나눌 수 있을까요?
- 각 군집마다 형용사, 명사, 동사를 사용하여 해당 군집 내의 아이디어들이 모두
  포함될 수 있는 문장으로 제목을 만들어주시겠어요?
- 요약된 제목을 보실 때 고객님 자신에 대해 어떤 알아차림이 있나요?

실습13(50분)

- 두 사람씩 짝을 맺는다.
- 한 사람은 코치, 한 사람은 고객이 되어 20분간 코칭을 진행한다.
- 여섯색깔모자, 친화도 중에서 협의하여 선택하고 가치관이나 정체성과의 통합을 지원한다.
- 여섯색깔모자를 선택할 때는 사실, 직관, 부정, 긍정, 창의 순으로 진행한다. 마지막이 긍정과 창의로 마무리되도록 진행한다. 직관과 부정은 장애요인에 해당된다. 긍정과 창의는 전혀 새로운 행동을 설계할 수 있도록 지원한다. 이 과정을 통해 학습한 것을 질문하고, 창의성으로 나타난 알아차림을 통해 자신은 어떤 존재로 알아차리게 되었는지를 질문한다.
- 친화도를 선택할 때는 실행 계획 발산, 비슷한 것끼리 군집 만들기, 각 군집의 제목 만들기 순으로 진행한다. 겹치거나 비슷한 아이디어를 정리하여 명확한 행동설계를 할 수 있도록 지원한다. 많은 아이디어가 중복되어 두드러지게 나타난 내용들을 통해서 통찰한 것을 질문하고, 그 통찰을 통해 자신에 대해 무엇을 알아차렸는지 알아차림에 대한 알아차림을 질문한다.
- 역할을 바꾸어 20분간 진행한다.
- 서로 5분씩 코치로서, 고객으로서의 피드백을 나눈다.
- 정체성과의 통합 지원에 대하여 브레인스토밍한다.

2. 자율성과 책임 고취

1) 행동지표

  (1) 고객이 행동설계 및 실행을 자율적이고 주도적으로 하도록 고취한다.

- 관점을 재구성하게 하는 과정을 통해 알아차린 것을 바탕으로 행동을 설계할 때 자율적이고 주도적으로 하도록 지원한다.

- 티머시 골웨이[30]는 "코칭은 성과를 극대화하기 위해 묶여 있는 개인의 잠재력을 풀어주는 것"이라고 했다. 많은 경우 어렸을 때 들었던 부정적인 말이나 경험이 부정적인 신념이 되어 자아가 묶여있는 경우가 많다. 그러므로 최대한 고객이 스스로 한 걸음, 한 걸음 풀어갈 수 있도록 자율성을 보장해야 한다.

- 고객의 자율성을 침해하지 않는 범위에서 은유로 개입할 수 있다. 고객의 주변에서 어떤 물건이 눈에 확 들어오는지 묻고 그 물건과 고객의 목표를 연결하여 행동을 설계하게 할 수도 있고, 그 물건을 의인화하여 그 물건이 고객에게 뭐라고 이야기해 주는지를 물을 수도 있다.

- 고객이 자율적으로 아이디어가 떠오르지 않아 코치에게 도움을 요청할 수도 있다. "그러면 제가 한 가지 말씀드리고 나서는 고객님께서 한 가지 말씀해 주시겠어요? 그렇게 브레인스토밍하면 어떠실까요?"

- 행동계획 이전에 신념이나 정체성에 따른 조건들을 참고해도 좋다.

---

30) 티머시 골웨이, 최명돈 역, 『이너게임』, 가을여행, 2019.

2) 의사결정표(Decision Making Chart)

(1) 개요

- 비교적 이해관계가 복잡하지 않은 대안을 선택하는 경우에 객관적인 수치로 의사결정을 할 수 있는 도구다.

(2) 그룹에서의 활용방법

- 평가하고자 하는 후보(사람이나 장소 등)를 가로줄에 배치한다.
- 평가 기준(조건)을 세로줄에 배치한다.
- 큰 용지에 위와 같은 도표를 그리고 코치가 항목별로 물어 기록하는 방법으로 진행한다.
- 각 평가 기준별로 평가의 범위(1~5)를 정한다.
- 각 대안에 따라 평가 점수를 기록한다.
- 특별히 중요한 평가 기준의 경우는 가중치를 부여할 수 있다.
- 합산하여 평가 결과를 비교한다.
- 그룹 코칭이나 팀 코칭에서 다수가 집단지성으로 결정할 경우 다음의 평가표를 각자에게 나누어주고 평가한 후 합산할 수 있다.
- 평가용지 한 장을 놓고 코치가 칸마다 "첫 번째 칸(예 : 평가기준1에 후보1)은 몇 점을 주시겠어요?" 하면 동시에 각자가 손가락을 하나부터 다섯까지 가위바위보 하듯이 내서 즉석에서 합산해 기록할 수도 있다.

여행계획	후보1	후보2	후보3	후보4
평가기준1				
평가기준2				
평가기준3				
평가기준4				
평가기준5				

(3) 자율성과 책임 고취를 위한 대화

　- 오늘 코칭 대화가 기대하시는 방향으로 진행되고 있는지요?

　- 오늘 코칭을 하면서 주제와 관련하여 새롭게 인식된 것이 있다면 무엇인가요?

　- 이 상황에 대하여 학습되신 것이 있다면 무엇인가요?

　- 알아차리신 것을 바탕으로 무엇을 해보시겠어요?

　- 말씀하신 것들 중에 무엇을 가장 먼저 해보기를 원하시나요?

　- 그렇다면 언제부터 시작하실 계획이신가요?

3) 아이젠하워 Matrix

(1) 개요

　- 결과물을 시급성(우선순위)과 중요성을 기준으로 분류하는 도구다.

(2) 그룹에서의 활용방법

　- 가로줄은 시급성, 세로줄은 중요성으로 하고, 각각은 낮음(low)과 높음(high)
으로 하여 4가지 기준으로 분류한다.

　- 시급성이 높고 중요성도 높은 내용은 단기 계획으로 활용한다.

　- 중요성이 높지만, 시급성이 낮은 내용은 중장기 계획으로 활용한다. 중장기 계
획이 다른 것보다 가장 중요한 결과가 될 가능성이 크다. 공동체가 시급한 것
만 다루고 멈출 것이 아니기 때문이다.

　- 시급성은 높지만, 중요성이 낮으면 아웃소싱하는 것이 좋다.

　- 시급성과 중요성이 모두 낮은 경우는 우선순위에서 제외된다.

	시급성이 높음	시급성이 낮음
중요성이 높음	단기 계획	중장기 계획
중요성이 낮음	아웃소싱	아웃

(3) 자율성과 책임 고취를 위한 대화

- 오늘의 목표를 위해 무엇을 시도해 보시겠어요? 바로 아이디어가 나오시네요.
- 목표와 관련하여 존경하는 분이 조언을 해 주신다면 뭐라고 하실 것 같으신가요? 존경하는 분을 향한 존중하시는 마음이 느껴지네요.
- 고객님 앉아계시는 곳에서 눈에 확 띄는 물건 하나 말씀해 주시겠어요? 그 물건이 고객님에게 뭐라고 얘기해 주나요? 새로운 관점을 발견하셨네요.
- 말씀하신 실행계획들을 다시 한번 말씀해 주시겠어요?
- 그중에서 가장 시급하고 중요한 것은 무엇인가요?
- 그렇다면 언제부터 시작하실 계획이신가요?
- 구체적으로는 어떻게 해보실 계획이신가요?
- 이 기준에 의해 구분된 것을 보시고 무엇이 느껴지시나요?

4) Payoff-Effort Matrix

(1) 개요

- 가로줄은 투입의 정도(Input or Effort) 또는 노력의 정도, 세로줄은 산출 가치
  (Output Value or Payoff) 또는 성과의 정도로 하여 결과물을 1차 평가하는 도
  구다. 각각의 기준은 낮음(low)과 높음(high)으로 다시 구분된다. 야구장의 용
  어를 사용한다. 흔히 '가성비'라고 부르는 가격 대비 성능도 이와 유사하다고
  할 수 있다.

(2) 그룹에서의 활용방법

- 투입해야 할 내용이 적고 산출되는 가치가 높은 내용이 단기 계획으로 평가된다.
- 투입해야 할 내용이 많지만 산출되는 가치가 높은 내용은 중장기 계획으로 평
  가된다.
- 투입해야 할 내용이 적거나 많아도 산출되는 가치가 작으면 우선순위에서 유
  보된다.

	투입하는 정도가 낮음	투입하는 정도가 높음
산출가치가 높음	Grand Slam 만루홈런	Extra Inning 연장전
산출가치가 낮음	Stolen Base 도루	Strike Out 삼진아웃

(3) 자율성과 책임 고취를 위한 대화
- 말씀하신 실행계획 중에서 효율성에 따라 선택해 보려고 합니다. 투입하는 정도의 높고 낮음과 산출가치의 높고 낮음을 참조하여 분류해 주시겠습니까?
- 고객님의 몇 가지 계획 중에서 경제성의 기준인 투입하는 정도는 낮고 산출가치가 높은 것은 어떤 것일까요?
- 지속 가능한 것은 투입하는 정도가 높고 산출가치도 높은 것이라고 할 수 있는데 여기에 해당하는 것은 어떤 것일까요?
- 이런 기준으로 분류하시면서 어떤 생각이 드셨나요?
- 만루홈런과 연장전이 모두 산출가치가 높은 것인데 어떤 순서로 실행하시겠습니까?

실습14(50분)

- 두 사람씩 짝을 맺는다.
- 한 사람은 코치, 한 사람은 고객이 되어 20분간 코칭을 진행한다.
- 의사결정표의 세로줄에 신념, 정체성, 가치 등 알아차린 내용을 채우고, 그 기준에 의해 행동을 설계하여 가로줄에 채운 후 고객과 함께 고객의 목표와 행동, 그리고 책임 측정 방안을 설계한다.
- 실행계획 중에서 아이젠하워 Matrix나 Payoff-Effort Matrix 중에서 기준을 선택하여 우선적으로 실행할 계획을 선택한다.
- 기준에 의해 실행계획을 우선적으로 선택한 후 잠재적인 결과를 확인하고 배운 것을 지지한다.
- 역할을 바꾸어 20분간 진행한다.
- 서로 5분씩 코치로서, 고객으로서의 피드백을 나눈다.
- 자율성과 책임 고취에 관하여 브레인스토밍한다.

3. 행동 전환 지원

1) 행동지표
  (1) 고객이 실행계획을 실천할 수 있는 후원환경을 만들도록 지원한다.
    - 코치가 실행을 직접 도울 수도 있지만 고객 주변 속에서 후원받을 만한 환경을 스스로 구축할 수 있도록 지원한다.
    - 일대일 코칭에서의 후원환경에는 ACE를 활용한다. 실행을 하는 데 있어서 누군가의 승인이 필요한 경우 승인자(Accountable), 조언해주고 컨설팅해줄 수 있는 조언자(Consulted), 행동계획을 공유하여 실행력을 증가시킬 전달자(Eco-informed)이다.
  (2) 고객이 행동 전환을 지속하도록 지지하고 격려한다.
    - 몇 가지 실행계획 속에서 우선순위로 선택한 변화와 성장을 위한 작은 한 걸음에 무한한 지지와 격려를 보내야 한다. 여기에는 실행을 방해할 내면과 환경의 장애요인을 뛰어넘어 행동으로 연결될 수 있도록 힘을 실어주는 것을 포함한다. 저항이라고 할 수 있는 내부의 장애요인을 다루는 것이 환경적인 장애요인보다 더 중요할 수 있다.

2) 3W
  (1) 개요
    - 육하원칙 중에서 What, Who, When 3가지를 선택하여 실행계획을 구체화하기 위해 질문으로 사용하는 도구이다.

(2) 그룹에서의 활용방법

- 코칭의 결과물인 몇 가지 실행계획을 구체화하기 위해 실행계획(What), 담당
자(Who), 실행 시기(When)로 정리하여 로드맵으로 정리한다.

- When은 사안에 따라 '언제', '언제부터', '언제까지'로 적용할 수 있다.

- Who는 누구에게 시작되는지, 누가 도움을 주는지 등으로, What은 무엇을 할
지, 무엇을 시작할지, 무엇을 원하는지 등으로 적용할 수 있다.

- 같은 실행계획(What)으로 담당자(Who)나 시기(When)가 다를 경우 다시 의
논하여 정리할 수 있다.

(3) 행동 전환 지원을 위한 대화

- 먼저 선택하신 실행계획을 언제부터 해보시겠습니까?

- 누구에게 협력을 요청하시겠습니까?

- 실행력을 높이기 위해 누구에게 이 계획을 알리시겠습니까?

- 이 실행안에 더 필요한 것은 무엇이 있을까요?

- 위임한 실행계획은 언제 체크해 보시겠어요?

- 혹시 더 하시고 싶은 말씀이 있으신가요?

3) RACI

 (1) 개요

  - 팀이나 그룹이 함께 한 실행안에 대하여 역할과 책임을 명확히 하기 위한 도구
   이다. 실행력을 높이는 후원환경을 만드는 것이다.

 (2) 그룹에서의 활용방법

  - 역할과 책임은 담당자, 승인자, 조언자, 전달자로 구분된다.
  - 담당자(Responsible)는 실행안을 책임지고 담당할 사람이다.
  - 승인자(Accountable)는 허락이 필요한 실행안을 승인해 줄 사람이다.
  - 조언자(Consulted)는 실행을 위해 조언해줄 전문가나 이해관계자이다.
  - 전달자(Informed)는 실행력을 높이기 위해 실행을 알릴 대상자이다. 일대일
   코칭에서는 상호책임에 해당하며 결심을 공유하고 실행을 못 하면 민망해서라
   도 실행할 수밖에 없게 환경을 만드는 것이다.

	후보1	후보2	후보3	후보4
대안1	I	A	R	C
대안2	R	I	A	C
대안3	C	I	A	R
대안4	A	R	C	I

(3) 행동 전환 지원을 위한 대화

- 이 계획을 실행하기 위해 승인받아야 할 사람은 누구인가요?
- 실행을 위해 조언을 받을 수 있는 고객님 주변의 전문가나 이해관계자를 떠올려 보시겠어요.
- 실행력을 높이기 위해 누구에게 이 계획을 전달하고 공유하여 실행력을 몇 배로 향상시킬 수 있으실까요?
- 코치로서 저도 응원해드리고 싶은데 고객님께서 선택하신 계획을 실행하셨다는 것을 어떻게 알 수 있을까요?
- 말씀하신 것들 중에 무엇을 가장 먼저 해보고 싶으세요?
- 하시고자 하는 것은 앞에서 나눈 고객님의 가치와 부합된 것이라는 생각이 드는데 어떠신가요?

4) Agile KANBAN[31]

   (1) 개요

      - 소프트웨어 개발 프로젝트 관리 기법인 애자일에서 사용하는 보드의 이름으로 프로젝트 관리에서 업무나 작업의 흐름과 상태를 날마다 정리하면서 작업의 내용과 진행 상황을 추적하는 프로젝트 관리 도구다.

   (2) 그룹에서의 활용방법

      - 기본적으로는 할 일(To do), 진행 중인 일(Work in Progress), 완료된 일(Done)로 구분된다.

      - 할 일(To do)에는 할 일을 접착메모지에 기록하여 부착한다.

      - 진행 중인 일(WIP/Work in Progree)에는 현재 진행 중인 일을 기록하여 부착한다. 개요에서 언급한 것처럼 이곳에는 공동체 구성원의 업무능력에 따라 적정수의 작업으로 제한한다.

      - 완료된 일(Done)에는 진행 중인 일에서 끝난 일들을 옮겨 부착한다.

      - 구성원들은 이 보드를 모니터링하면서 피드백을 주고받는다.

To do list	Work in Progress	Done

---

31)   짐 벤슨 외, 박성진 역, 『퍼스널 애자일 퍼스널 칸반』, 쿠퍼북스, 2020.

(3) 행동 전환 지원을 위한 대화

- 이미 실행했던 일을 포함하여 이 장표에 해야 할 일 목록 전체를 작성해 주시겠어요?
- 이 중에서 이미 완료된 일은 완료된 일 목록으로 옮겨주시겠어요?
- 하실 일 목록 중에서 다음 세션까지, 또는 하루에 감당할 수 있는 범위 안에서 바로 진행해야 하는 일 목록을 가운데 있는 진행 중인 일 목록으로 옮겨주시겠어요?
- 배치된 목록들을 전체적으로 보셨을 때 어떤 생각이 드시나요?
- 고객님의 열정이 고객님을 원하시는 곳으로 이끌어주리라고 확신하고 응원드립니다.

실습15(50분)

- 두 사람씩 짝을 맺는다.
- 한 사람은 코치, 한 사람은 고객이 되어 20분간 코칭을 진행한다.
- 3W, RACI, Agile KANBAN 중에서 협의하여 선택하여 진행한다.
- 3W와 RACI를 선택할 때는 후원환경을 만드는 데 초점을 맞춘다. 3W는 일대일 코칭에서, RACI는 그룹코칭에서 활용한다.
- Agile KANBAN을 선택할 때는 행동 전환을 지속하도록 지지하고 격려하는 데 초점을 맞춘다.
- 역할을 바꾸어 20분간 진행한다.
- 서로 5분씩 코치로서, 고객으로서의 피드백을 나눈다.
- 행동 전환 지원에 관하여 브레인스토밍한다.

4. 피드백

1) 행동지표

  (1) 고객이 실행한 결과를 성찰하도록 돕고, 차기실행에 반영하도록 지원한다.

    - 지난 세션 후의 계획을 잘 실행했는지를 묻고, 세션과 세션 사이에서 학습하고 통찰한 것을 고객의 언어로 정리하게 하여 스스로 실행의 의지를 높이게 한다. 이때 실행하기로 했다가 하지 못한 것, 실행계획에는 없었으나 새롭게 통찰이 일어나 하게 된 것, 만족한 것과 만족하지 못한 것 등을 찾도록 도울 수 있다.

    - 고객이 더욱 효과적으로 성장하도록 고객의 강점이나 탁월성을 활용하게 한다.

2) Importance-Satisfaction Matrix

  (1) 개요

    - 가로줄은 중요한 정도, 세로줄은 만족도라는 기준으로 결과물을 평가하는 도구이다. 제품이나 서비스에 대하여 소비자의 만족도를 고려하여 생산에 반영하기 위해 주로 쓰인다.

(2) 그룹에서의 활용방법

- 중요도와 만족도가 높은 결과물은 계속 실행(생산, 출고)한다.
- 중요도는 낮지만, 만족도가 높으면 수위나 수량을 조절한다.
- 중요도가 높지만, 만족도가 낮으면 소비자의 요구사항을 반영하고 개선할 필요가 있다.
- 중요도도 만족도도 낮으면 재검토가 필요하다.
- 고객의 실행계획에 대한 만족도와 중요도를 분석하는 피드백 코칭을 하면서 더 나은 대안을 찾아가는 데 적용할 수 있다.

	중요한 정도가 높음	중요한 정도가 낮음
만족도가 높음	지속 생산 출고	수위 수량 조절
만족도가 낮음	고객의 요구사항 반영하여 개선	재검토

(3) 피드백을 위한 대화

- 지난 세션에서 계획하신 것은 차질 없이 잘 실행하셨는지요?
- 만족도는 높지만 많이 중요하지 않게 생각되시는 점은 어느 정도로 수위 조절을 하실 계획이신가요?
- 만족도는 낮지만 중요하게 여기시는 것은 어떤 의견들을 반영하여 개선하실 계획이신가요?
- 만족도나 중요도가 모두 낮아서 전반적인 재검토가 필요한 것은 어떻게 하시겠어요?
- 만족도나 중요도가 모두 높아 지속가능한 것을 성취하신 결과는 고객님의 가치관에 비추어 얼마나 중요하고 만족스러운 것이었는지 나눠주시겠어요?
- 말씀하신 실행계획 중에서 가장 중요하고 만족하는 것은 무엇인가요?
- 이 기준으로 성찰하는 과정에서 무엇을 발견하셨나요?

3) BCG[32] Growth-Share Matrix

(1) 개요

- 가로줄은 시장성장률, 세로줄은 시장점유율이라는 기준으로 결과물을 평가하는 도구이다. 각각 높고 낮음 정도가 기준이 된다. 이 매트릭스의 일반적인 목적은 공동체가 투자해야 할 브랜드와 없애야 할 브랜드를 선별하고 이해하는 것이다.

(2) 그룹에서의 활용방법

- 시장성장률과 시장점유율이 높으면 지속해서 투자하는 것이 좋다.
- 시장점유율은 높은데 시장성장률이 낮으면 수요자의 관심이 낮아지는 것이므로 현금 창출에 주력하는 것이 좋다.
- 시장성장률은 높은데 시장점유율이 낮으면 많이 투자하여 점유율을 높이거나 신중하게 고려해야 하는 상황이다.
- 시장성장률도 시장점유율도 낮으면 철수하는 것이 좋다.

	시장성장률이 높음	시장성장률이 낮음
시장점유율이 높음	Stars 지속적 투자	Cash Cows 현금 창출에 주력
시장점유율이 낮음	Question marks 신중하게 고려	Poor Dogs 철수

---

32) Boston Consulting Group의 머리글자다.

(3) 피드백을 위한 대화
  - 점유율은 높지만 소비자들에게 멀어지는 것은 어떻게 현금 창출에 주력하시겠어요?
  - 점유율은 낮지만 소비자들에게는 여전히 관심이 있는 것은 어떻게 고려하시겠어요?
  - 점유율이나 소비자들의 선호도가 모두 낮아서 철수가 필요한 것은 어떻게 하시겠어요?
  - 점유율이나 소비자들의 선호도가 모두 높아 지속가능한 것을 성취하신 결과는 고객님의 가치관에 비추어 얼마나 중요하고 만족스러운 것이었는지 나눠주시겠어요?

5. 변화와 성장 축하

1) 행동지표

  (1) 고객의 변화와 성장을 축하한다.

    - 목표를 합의할 때 성과 측정을 위한 방법에 동의했던 것을 기준으로 코칭 세션을 마무리하면서 만족했는지를 확인한다.

    - 코칭 세션을 통해 이루어진 성과는 코치의 몫이 아니고 오롯이 고객의 몫이다. 알아차린 것이나 변화와 성장을 이룬 결과에 대해서 코치는 "감사합니다"로 받아서는 안 된다. 그러면 그것은 코치의 몫이 된다는 의미가 되고, 코칭에 대한 부담감을 나타내는 증표이기도 하다. "성취하셨다니 기쁘시겠습니다. 축하드립니다." 고객 중심으로 축하하는 것이다.

    - 고객의 실행이 작은 걸음일 수 있으나 시작이 반이다. 무한한 신뢰와 지지를 마음껏 표현할 필요가 있다.

2) 신호등

  (1) 개요

    - 결정을 위해 찬성이나 반대만이 아니라 중립적인 입장까지 고려할 수 있는 도구다.

(2) 그룹에서의 활용방법

- 신호등의 색처럼 빨강, 노랑, 초록을 사용한다. 빨강은 반대하는 입장 또는 다른 의견, 노랑은 중립적인 입장 또는 잘 모르겠다는 의사 표시, 초록은 찬성하는 입장 또는 같은 의견을 뜻한다.
- 세 가지 색깔의 카드를 활용할 경우 코치가 고객들에게 대안 하나하나에 대하여 동시에 카드를 들어 표시하게 하여 기록한다.
- 아래의 표를 작성하여 고객 개인별로 평가하여 합산할 수도 있다.
- 의사결정표처럼 평가지 한 장을 놓고 칸마다 각자가 편 손가락 수를 합산하여 기록할 수도 있다.
- 다른 의견, 잘 모르겠다는 의사 표시, 같은 의견으로 쓸 때는 참석자의 이해 여부를 물을 때이다.
- 신호등으로 찬성, 중립, 반대의 의사표시를 한 후 그 이유를 육감만족도를 통해 내면의식을 나누는 방향으로 연결하여 활용할 수 있다.

	빨강	노랑	초록
대안1			
대안2			
대안3			
대안4			

(3) 변화와 성장 축하를 위한 대화

- 코칭세션을 진행하면서 고객님께서 변화하고 성장한 내용을 체크하면서 그중에서 가장 마음이 가는 곳을 선택해 보려고 합니다. 대안마다 내키지 않으면 빨강에, 이래도 저래도 괜찮은 정도이면 노랑에, 마음에 드는 편이면 초록에 체크 표시를 해주시겠습니까?
- 대안별로 평가한 마음의 기준은 무엇이었나요?
- 이 상황에서 고객님의 가치관과 자신에 비추어 배우신 것이 있다면 나눠주시겠어요?
- 고객님 자신에 대하여 새롭게 발견하신 것을 축하드립니다.
- 이렇게 성취하셨다니 기쁘시겠습니다. 축하드립니다.
- 새로운 관점을 가지게 된 것을 축하드립니다.
- 자신과의 진정한 통합을 이루신 것에 축하드립니다.
- 오늘 코칭 대화는 어떠셨나요?
- 혹시 더 하시고 싶은 말씀이 있으실까요?
- 이상으로 코칭 대화를 마쳐도 될까요?

3) Design Thinking[33]

   (1) 개요

     - 고객들의 필요를 충분히 조사하고 반영하여 제품이나 서비스를 개발하고 개선
하며, 간략하게 시제품을 만들어 여러 고객들에게 다시 피드백을 받아 위의 과
정을 계속 반복하는 프로젝트 기법이다.

   (2) 그룹에서의 활용방법

     - 기초가 되는 문제에 대해 고객과 공감하고 최대한 많이 이해하는 능력을 확립
하며, 고객이 경험하게 되는 요소들을 순차적으로 시각화한다.

     - 이해관계자들이나 프로젝트 구성원들에게 수집한 정보를 공유하고 종합하며
바르고 중요한 질문을 통해 문제를 명확하게 정의한다.

     - 고객과 공감하며 조사한 정보들을 바탕으로 독창적으로 생각하도록 노력하고
브레인스토밍을 통하여 아이디에이션한다.

     - 종이나 골판지 등으로 시제품을 만들어 보완점과 개선점을 파악한다.

     - 시제품에 대한 테스트와 사용자들로부터의 피드백을 받는다.

   (3) 변화와 성장 축하를 위한 대화

     - 가상의 계획을 세워 실행하신 결과가 어떠셨나요? 축하드립니다.

     - 이 계획을 다시 세워보신다면 절차나 정보 등 차기에 반영할 더 필요한 것이 있
는지 생각해 보시겠어요?

     - 고객님 자신에 대한 진정한 이해를 축하드립니다.

     - 고객님의 열정이 원하시는 곳으로 이끌어주리라고 확신합니다.

---

33) 홍삼열 외 공저, 『지역문제해결디자인』, 도서출판 좋은땅, 2022.

실습16(50분)

- 두 사람씩 짝을 짓는다.
- 한 사람은 코치가 되고 한 사람은 고객이 되어 20분간 코칭을 진행한다.
- Importance-Satisfaction Matrix, BCG Growth-Share Matrix, 신호등, Design Thinking 중에서 협의하여 선택하여 진행한다.
- Importance-Satisfaction Matrix, BCG Growth-Share Matrix를 선택할 때는 실행 결과를 성찰하도록 돕고, 차기실행에 반영하도록 지원하는 데 초점을 맞춘다.
- 신호등을 선택할 때는 가장 마음에 드는 결과를 축하한다.
- Design Thinking을 선택할 때는 가상의 실행계획을 축하한다.
- 역할을 바꾸어 20분간 진행한다.
- 서로 5분씩 코치로서, 고객으로서의 피드백을 나눈다.
- 변화와 성장 축하에 대하여 브레인스토밍한다.

■ 성장 지원(역량 8)

① 정의 : 고객의 학습과 통찰을 정체성과 통합하고, 자율성과 책임을 고취한다. 고객
  의 행동 전환을 지원하고, 실행결과를 피드백하며 변화와 성장을 축하한다.
② 핵심요소
  - 정체성과의 통합 지원
  - 자율성과 책임 고취
  - 행동 전환 지원
  - 피드백
  - 변화와 성장 축하
③ 행동지표
  - 고객의 학습과 통찰을 자신의 가치관 및 정체성과 통합하도록 지원한다.
  - 고객이 행동설계 및 실행을 자율적이고 주도적으로 하도록 고취한다.
  - 고객이 실행계획을 실천할 수 있는 후원환경을 만들도록 지원한다.
  - 고객이 행동 전환을 지속하도록 지지하고 격려한다.
  - 고객이 실행한 결과를 성찰하도록 돕고, 차기실행에 반영하도록 지원한다.
  - 고객의 변화와 성장을 축하한다.

■ 코치의 지속 성장을 위한 제언

- 코치는 고객의 성장을 지원하는 것이 주요 임무다. 고객의 성장을 위해서는 코치는
  고객의 롤모델이 되어야 한다는 한국코치협회 윤리강령이 있다.
- 코치의 성장은 출세나 부를 이루는 것보다 가치 지향적인 인성에서 더 큰 의미가 있
  어서 본 원의 한국코치협회 인증 기초과정은 인성코칭(ACPK01139)으로 설계되었
  다. 많은 추천을 바란다.

■ Wrap Up(활동 10분)

(1) 기억에 남는 것

(2) 재미있었던 것

(3) 의미 있었던 것

(4) 적용할 것

텔레(Tele) 코칭 클래스

- 실제로 코칭을 실습함으로 코칭능력을 배양하고 성장을 지원할 수 있다.

- 다른 사람들의 코칭 현장을 관찰하며 얻는 알아차림으로 고객의 성장을 지원할 수 있다.

- 자신감을 얻어 고객과의 코칭 세션에 적용하며 성장을 지원할 수 있다.

M6. 텔레(Tele) 코칭 클래스

■ 90분 2회에 걸쳐 다자 간 통화 방식으로 수업 진행

1. 참가자 확인
- 출석 확인
- 그동안의 삶 나눔

2. 코칭 시연 : 실습17(80분)~실습18(80분)
- 코치 1인 고객 1인 선정, 각각 30분 코칭, 10분 피드백을 한 세트로 진행
- 코칭 노트, 관찰자 노트 기록
- 이 모듈에서는 부록에 있는 한국코치협회 코칭역량 중 (8) 성장 지원의 행동지표를
  참조한다.
  - 고객의 알아차림과 통찰을 가치관과 정체성과 통합하도록 지원
  - 행동설계와 실행을 자율적이고 주도적으로 하도록 고취
  - 실행계획을 실천할 수 있는 후원환경 만들도록 지원
  - 행동 전환을 지속하도록 지지하고 격려
  - 실행 결과를 성찰하도록 돕고 차기실행에 반영하도록 지원
  - 고객의 변화와 성장을 축하

3. 피드백
- 고객의 피드백
- 코치의 피드백
- 관찰자들의 피드백
- FT강사의 피드백

4. Q&A
- 배우고 느낀 점 공유
- 개인별 과제 선정

■ Wrap Up(활동 10분)

(1) 기억에 남는 것

(2) 재미있었던 것

(3) 의미 있었던 것

(4) 적용할 것

부록
(Appendix)

부록(Appendix)

관찰자 노트

단계	체크할 사항	잘한 점	개선 점
1. Hands 라포형성	안전한 분위기 조성? 편안한 관계 형성?		
2. Underline 목표설정	구체적인 목표설정? 목표의 수준 탐색? 목표의 명료화?		
3. Mapping 가능성	현재 상황 이해? 다른 생각회로 확장?		
4. Action plan 실행계획	다양한 실행계획? SMART기준으로 체크?		
5. Nature 마무리	후원환경 조성? 요점정리와 차기약속?		

단계	체크할 사항	잘한 점	개선 점
1. Hands 라포형성	안전한 분위기 조성? 편안한 관계 형성?		
2. Underline 목표설정	구체적인 목표설정? 목표의 수준 탐색? 목표의 명료화?		
3. Mapping 가능성	현재 상황 이해? 다른 생각회로 확장?		
4. Action plan 실행계획	다양한 실행계획? SMART기준으로 체크?		
5. Nature 마무리	후원환경 조성? 요점정리와 차기약속?		

코칭 노트

고객성함		연락처	
날짜		**시간**	
코칭주제			

코칭대화모델	주요 질문	답변
1. Hands 라포형성		
2. Underline 목표설정		
3. Mapping 가능성		
4. Action plan 실행계획		
5. Nature 마무리		
깨달음		
피드백		
소감		
차기일정		

고객성함		연락처	
날짜		시간	
코칭주제			

코칭대화모델	주요 질문	답변
1. Hands 라포형성		
2. Underline 목표설정		
3. Mapping 가능성		
4. Action plan 실행계획		
5. Nature 마무리		

깨달음	
피드백	
소감	
차기일정	

코칭 일지

고객명	날짜 (년/월/일)	시간 (시작~끝)	유료 시간(분)	무료 시간(분)	코치더 코치(분)	코칭형태
코칭실습시간 합계						

고객명	날짜 (년/월/일)	시간 (시작~끝)	유료 시간(분)	무료 시간(분)	코치더 코치(분)	코칭형태
코칭실습시간 합계						

수료식(활동 5′)

- 수료증 수여

- 기회장 선출

- 총무 지명

Note

....

....

....

....

....

....

....

....

....

강의평가 설문(활동 5′)

1. 공동체 세우기 워크숍에 대한 전반적인 만족도는 어느 정도입니까?
   (1) 매우 낮다   (2) 낮다   (3) 보통   (4) 높다   (5) 매우 높다

2. 공동체 세우기 워크숍 중 가장 도움이 되었던 것은 어떤 내용입니까?

   ....

3. 공동체 세우기 과정의 개선점이나 제안사항은?

   ....

4. 공동체 세우기 과정 참여에 추천하고 싶은 지인은?

성함	연락처

작성 후 사진을 찍어 FT에게 톡으로 보내 주세요.

한국FT코칭연구원 귀중

코치 인증 절차

ACPK 지원(한국코치협회)

코치인증자격	KAC	KPC	KSC
지원자격		KAC취득 후 6개월 이상	KPC취득 후 1년 이상
지원서	별도양식		
서약서	코치윤리강령준수 서약서		
교육시간	20시간	60시간	150시간
코칭시간	50시간	200시간	800시간
멘토코칭받기		2개월 이상 5시간	3개월 이상 10시간
고객추천서	2인 각 1통(총 2통)		
코치추천서	2인 KAC 이상으로 부터 각 1통(총 2통)	2인 KPC 이상으로 부터 각 1통(총 2통)	2인 KSC 이상으로 부터 각 1통(총 2통)
필기시험	온라인으로 실시		에세이 제출
실기시험	20분 시연	30분 시연	40분 시연
인증심사비	20만원	30만원	40만원
코치자격 유지기간	3년 주기 연장	5년 주기 연장	
자격유지 보수교육	- 인증 후 3년간 30시간 교육 참가	- 인증 후 5년간 50시간 교육 참가	- 인증 후 매년 10시간 교육 참가
	- 협회 역량교육 - 협회 및 지부 월례세미나(2시간/회당), 코치대회, 코치활동 및 저술활동 등 - ACPK 인증 프로그램		
의무사항	- 인증자격 유지를 위해서는 협회 정회원 이상의 자격을 유지해야 함		

- KPC 응시를 위한 교육시간 60시간 중 기본 인증프로그램은 최대 20시간이 인정되며, 심화 인증프로 그램 20시간 이수는 필수이다. 나머지 20시간 이상은 심화 또는 역량 인증프로그램 중 선택할 수 있다.

- 한국FT코칭연구원은 (사)한국코치협회 인증 기초프로그램인 "인성코칭"(ACPK01139) / 임마누엘코칭 (ACPK01270), 심화프로그램인 "러닝코칭"(ACPK01148), 역량프로그램인 "프로세스코칭"(ACPK01115) / 공동체세우기(ACPK01253) 등이 있다.

(사)한국코치협회 윤리규정[34]

윤리강령

1. 코치는 개인적인 차원뿐 아니라 공공과 사회의 이익도 우선으로 합니다.
2. 코치는 승승의 원칙에 의거하여 개인, 조직, 기관, 단체와 협력합니다.
3. 코치는 지속적인 성장을 위해 학습합니다.
4. 코치는 신의 성실성의 원칙에 의거하여 행동합니다.

윤리규칙

제1장 기본윤리

제1조(사명)

1. 코치는 한국코치협회의 윤리규정에 준거하여 행동합니다.
2. 코치는 코칭이 고객의 존재, 삶, 성공, 그리고 행복과 연결되어 있음을 인지합니다.
3. 코치는 고객의 잠재력을 극대화하고 최상의 가치를 실현하도록 돕기 위해 부단한 자기 성찰과 끊임없이 공부하는 평생학습자(life learner)가 되어야 합니다.
4. 코치는 자신의 전문분야와 삶에 있어서 고객의 Role모델이 되어야 합니다.

제2조(외국윤리의 준수)

코치는 국제적인 활동을 함에 있어 외국의 코치 윤리규정도 존중하여야 합니다.

---

34) (사)한국코치협회 홈페이지 http://kcoach.or.kr

제2장 코칭에 관한 윤리

제3조(코칭 안내 및 홍보)

1. 코치는 코칭에 대한 전반적인 이해나 지지를 해치는 행위는 일절 하지 않습니다.
2. 코치는 코치와 코치단체의 명예와 신용을 해치는 행위를 하지 않습니다.
3. 코치는 고객에게 코칭을 통해 얻을 수 있는 성과에 대해서 의도적으로 과장하거나 축소하는 등의 부당한 주장을 하지 않습니다.
4. 코치는 자신의 경력, 실적, 역량, 개발 프로그램 등에 관하여 과대하게 선전하거나 광고하지 않습니다.

제4조(접근법)

1. 코치는 다양한 코칭 접근법(approach)을 존중합니다. 코치는 다른 사람들의 노력이나 공헌을 존중합니다.
2. 코치는 고객이 자신 이외의 코치 또는 다른 접근 방법(심리치료, 컨설팅 등)이 더 유효하다고 판단되어질 때 고객과 상의하고 변경을 실시하도록 촉구합니다.

제5조(코칭 연구)

1. 코치는 전문적 능력에 근거하며 과학적 기준의 범위 내에서 연구를 실시하고 보고합니다.
2. 코치는 연구를 실시할 때 관계자로부터 허가 또는 동의를 얻은 후 모든 불이익으로부터 참가자가 보호되는 형태로 연구를 실시합니다.
3. 코치는 우리나라의 법률에 준거해 연구합니다.

제3장 직무에 대한 윤리

제6조(성실의무)

1. 코치는 고객에게 항상 친절하고 최선을 다하며 성실하여야 합니다.
2. 코치는 자신의 능력, 기술, 경험을 정확하게 인식합니다.
3. 코치는 업무에 지장을 주는 개인적인 문제를 인식하도록 노력합니다. 필요할 경우 코칭의 일시 중단 또는 종료가 적절할지 등을 결정하고 고객과 협의합니다.
4. 코치는 고객의 모든 결정을 존중합니다.

제7조(시작 전 확인)

1. 코치는 최초의 세션 이전에 코칭의 본질, 비밀을 지킬 의무의 범위, 지불 조건 및 그 외의 코칭 계약 조건을 이해하도록 설명합니다.
2. 코치는 고객이 어느 시점에서도 코칭을 종료할 수 있는 권리가 있음을 알립니다.

제8조(직무)

1. 코치는 고객, 혹은 고객 후보자에게 오해를 부를 우려가 있는 정보전달이나 충고를 하지 않습니다.
2. 코치는 고객과 부적절한 거래 관계를 가지지 않으며 개인적, 직업적, 금전적인 이익을 위해 의도적으로 이용하지 않습니다.
3. 코치는 고객이 고객 스스로나 타인에게 위험을 미칠 의사를 분명히 했을 경우 한국코치협회 윤리위원회에 전달하고 필요한 절차를 취합니다.

제4장 고객에 대한 윤리

제9조(비밀의 의무)

1. 코치는 법이 요구하는 경우를 제외하고 고객의 정보에 대한 비밀을 지킵니다.
2. 코치는 고객의 이름이나 그 외의 고객 특정 정보를 공개 또는 발표하기 전에 고객의 동의를 얻습니다.
3. 코치는 보수를 지불하는 사람에게 고객 정보를 전하기 전에 고객의 동의를 얻습니다.
4. 코치는 코칭의 실시에 관한 모든 작업 기록을 정확하게 작성, 보존, 보관, 파기합니다.

제10조(이해의 대립)

1. 코치는 자신과 고객의 이해가 대립되지 않게 노력합니다. 만일 이해의 대립이 생기거나 그 우려가 생겼을 경우, 코치는 그것을 고객에게 숨기지 않고 분명히 하며 고객과 함께 좋은 대처방법을 찾기 위해 검토합니다.
2. 코치는 코칭 관계를 해치지 않는 범위 내에서 코칭 비용을 서비스, 물품 또는 다른 비금전적인 것으로 상호교환(barter)할 수 있습니다.

부칙

제1조 이 윤리규정은 2012.01.01부터 시행한다.
제2조 이 윤리규정에 언급되지 않은 사항은 한국코치협회 윤리위원회의 내규에 준한다.

윤리규정에 대한 맹세

나는 전문코치로서 (사)한국코치협회 윤리규정을 이해하고 다음의 내용에 준수합니다.

1. 코치는 개인적인 차원뿐 아니라 공공과 사회의 이익을 우선으로 합니다.

2. 코치는 승승의 원칙에 의거하여 개인, 조직, 기관, 단체와 협력합니다.

3. 코치는 지속적인 성장을 위해 학습합니다.

4. 코치는 신의 성실성의 원칙에 의거하여 행동합니다.

만일 내가 (사)한국코치협회의 윤리규정을 위반하였을 경우, (사)한국코치협회가 나에게 그 행동에 대한 책임을 물을 수 있다는 것에 동의하며, (사)한국코치협회 윤리위원회의 심의를 통해 법적인 조치 또는 (사)한국코치협회의 회원자격, 인증코치자격이 취소될 수 있음을 분명히 인지하고 있습니다.

(사)한국코치협회 코칭역량[35]

(1) 윤리실천
  ① 정의 : (사)한국코치협회에서 규정한 기본윤리, 코칭에 대한 윤리, 직무에 대한 윤리, 고객에 대한 윤리를 준수하고 실천한다.
  ② 핵심요소
    - 기본윤리
    - 코칭에 대한 윤리
    - 직무에 대한 윤리
    - 고객에 대한 윤리
  ③ 행동지표
    - 코치는 기본윤리를 준수하고 실천한다.
    - 코치는 코칭에 대한 윤리를 준수하고 실천한다.
    - 코치는 직무에 대한 윤리를 준수하고 실천한다.
    - 코치는 고객에 대한 윤리를 준수하고 실천한다.

(2) 자기인식
  ① 정의 : 현재 상황에 대한 민감성을 유지하고 직관 및 성찰과 자기평가를 통해 코치 자신의 존재감을 인식한다.
  ② 핵심요소
    - 상황 민감성 유지
    - 직관과 성찰
    - 자기 평가
    - 존재감 인식
  ③ 행동지표
    - 지금 여기의 생각, 감정, 욕구에 집중한다.
    - 생각, 감정, 욕구가 발생하는 배경과 이유를 감각적으로 알아차린다.
    - 직관과 성찰을 통해 자신의 생각, 감정, 욕구가 미치는 영향을 인식한다.
    - 자신의 특성, 강약점, 가정과 전제, 관점을 평가하고 수용한다.
    - 자신의 존재를 인식하고 신뢰한다.

---

35) (사)한국코치협회 홈페이지 http://www.kcoach.or.kr

(3) 자기관리

① 정의 : 신체적, 정신적, 정서적 안정 및 개방적, 긍정적, 중립적 태도를 유지하며 언행을 일치시킨다.

② 핵심요소

- 신체적, 정신적, 정서적 안정
- 개방적, 긍정적, 중립적 태도
- 언행일치

③ 행동지표

- 코치는 코칭을 시작하기 전에 신체적, 정신적, 정서적 안정을 유지한다.
- 코치는 다양한 코칭상황에서 침착하게 대처한다.
- 코치는 솔직하고 개방적인 태도를 유지한다.
- 코치는 긍정적인 태도를 유지한다.
- 코치는 고객의 기준과 패턴에 관한 판단을 유보하고 중립적인 태도를 유지한다.
- 코치는 말과 행동을 일치시킨다.

(4) 전문계발

① 정의 : 코칭합의와 과정관리 및 성과관리를 하고 코칭에 필요한 관련지식, 기술, 태도 등의 전문역량을 계발한다.

② 핵심요소

- 코칭합의
- 과정관리
- 성과관리
- 전문역량 계발

③ 행동지표

- 고객에게 코칭을 제안하고 협의한다.
- 고객과 코칭계약을 하고, 코칭동의와 코칭목표를 합의한다.
- 코칭과정 전체를 관리하고 이해관계자를 포함한 고객과 소통한다.
- 고객과 합의한 코칭주제와 목표에 대한 성과를 관리한다.
- 코칭에 필요한 관련 지식, 기술, 태도 등의 전문역량을 계발한다.

(5) 관계구축

　① 정의 : 고객과의 수평적 파트너십을 기반으로 신뢰감과 안전감을 형성하며 고객의
　　　존재를 인정하고 진솔함과 호기심을 유지한다.

　② 핵심요소

　　- 수평적 파트너십

　　- 신뢰감과 안전감

　　- 존재 인정

　　- 진솔함

　　- 호기심

　③ 행동지표

　　- 코치는 고객을 수평적인 관계로 인정하며 대한다.

　　- 고객과 라포를 형성하여 안전한 코칭환경을 유지한다.

　　- 고객에게 긍정반응, 인정, 칭찬, 지지, 격려 등의 언어를 사용한다.

　　- 고객의 특성, 정체성, 스타일, 언어와 행동패턴을 알아주고 코칭에 적용한다.

　　- 코치는 고객에게 자신의 생각, 느낌, 감정, 알지 못함, 취약성 등을 솔직하게 드러
　　　낸다.

　　- 코치는 고객의 주제와 존재에 대해서 관심과 호기심을 유지한다.

(6) 적극경청

① 정의 : 고객이 말한 것과 말하지 않은 것을 맥락적으로 이해하고 반영 및 공감하며, 고객 스스로 자신의 생각, 감정, 욕구, 의도를 표현하도록 돕는다.

② 핵심요소
- 맥락적 이해
- 반영
- 공감
- 고객의 표현 지원

③ 행동지표
- 고객이 말한 것과 말하지 않은 것을 맥락적으로 헤아려 듣고 표현한다.
- 눈 맞추기, 고개 끄덕이기, 동작 따라 하기, 어조 높낮이와 속도 맞추기, 추임새 등을 하면서 경청한다.
- 고객의 말을 재진술, 요약하거나 직면하도록 돕는다.
- 고객의 생각이나 감정을 이해하며, 이해한 것을 고객에게 표현한다.
- 고객의 의도나 욕구를 이해하며, 이해한 것을 고객에게 표현한다.
- 고객이 자신의 생각, 감정, 의도, 욕구를 표현하도록 돕는다.

(7) 의식 확장

  ① 정의 : 질문, 기법 및 도구를 활용하여 고객의 의미 확장과 구체화, 통찰, 관점 전환과 재구성, 가능성 확대를 돕는다.

  ② 핵심요소
- 질문
- 기법과 도구 활용
- 의미 확장과 구체화
- 통찰
- 관점 전환과 재구성
- 가능성 확대

  ③ 행동지표
- 긍정적, 중립적 언어로 개방적 질문을 한다.
- 고객의 상황과 특성에 따라 침묵, 은유, 비유 등 다양한 기법과 도구를 활용한다.
- 고객의 말에서 의미를 확장하도록 돕는다.
- 고객의 말을 구체화하거나 명료화하도록 돕는다.
- 고객이 알아차림이나 통찰을 하도록 돕는다.
- 고객이 관점을 전환하거나 재구성하도록 돕는다.
- 고객의 상황, 경험, 사고, 가치, 욕구, 신념, 정체성 등의 탐색을 통해 가능성 확대를 돕는다.

(8) 성장 지원

 ① 정의 : 고객의 학습과 통찰을 정체성과 통합하고, 자율성과 책임을 고취한다. 고객의
 행동 전환을 지원하고, 실행결과를 피드백하며 변화와 성장을 축하한다.

 ② 핵심요소
  - 정체성과의 통합 지원
  - 자율성과 책임 고취
  - 행동 전환 지원
  - 피드백
  - 변화와 성장 축하

 ③ 행동지표
  - 고객의 학습과 통찰을 자신의 가치관 및 정체성과 통합하도록 지원한다.
  - 고객이 행동설계 및 실행을 자율적이고 주도적으로 하도록 고취한다.
  - 고객이 실행계획을 실천할 수 있는 후원환경을 만들도록 지원한다.
  - 고객이 행동 전환을 지속하도록 지지하고 격려한다.
  - 고객이 실행한 결과를 성찰하도록 돕고, 차기실행에 반영하도록 지원한다.
  - 고객의 변화와 성장을 축하한다.

과정 정리(활동 10')

(1) 기억에 남는 것

(2) 재미있었던 것

(3) 의미 있었던 것

(4) 적용할 것